新农村建设丛书

农村基础设施建设及范例

主编 赵兴忠
副主编 李天科 齐 磊 吴佐莲 范 军

中国建筑工业出版社

图书在版编目（CIP）数据

农村基础设施建设及范例/赵兴忠主编．—北京：中国建筑工业出版社，2010
（新农村建设丛书）
ISBN 978-7-112-10594-6

Ⅰ.农… Ⅱ.赵… Ⅲ.农村–基础设施–基本建设–中国 Ⅳ.F32

中国版本图书馆 CIP 数据核字（2008）第 211029 号

新农村建设丛书
农村基础设施建设及范例
主编 赵兴忠
副主编 李天科 齐磊 吴佐莲 范军

*

中国建筑工业出版社出版、发行（北京西郊百万庄）
各地新华书店、建筑书店经销
北京华艺制版公司制版
北京市兴顺印刷厂印刷

*

开本：850×1168 毫米 1/32 印张：8½ 字数：245 千字
2010 年 7 月第一版 2010 年 7 月第一次印刷
定价：**20.00** 元
ISBN 978-7-112-10594-6
(17519)

版权所有 翻印必究
如有印装质量问题，可寄本社退换
（邮政编码 100037）

本书从社会主义新农村建设角度，全面系统介绍了村镇道路、农村供水、农村排水、农村供热、农村燃气与沼气等。

　　本书在编写上注重内容的全面性和实用性，侧重实践应用，反映新技术、新知识。可作为农村公用设施建设的参考用书。

*　　*　　*

责任编辑：刘　江　张礼庆
责任设计：赵明霞
责任校对：兰曼利　梁珊珊

《新农村建设丛书》委员会

顾问委员会

周干峙　中国科学院院士、中国工程院院士、原建设部副部长
山　仑　中国工程院院士、中国科学院水土保持研究所研究员
李兵弟　住房和城乡建设部村镇建设司司长
赵　晖　住房和城乡建设部村镇建设司副司长
董树亭　山东农业大学副校长、教授
明　矩　教育部科技司基础处处长
单卫东　国土资源部科技司处长
李　波　农业部科技司调研员
卢兵友　科技部中国农村技术开发中心星火与信息处副处长、研究员
党国英　中国社会科学院农村发展研究所研究员
冯长春　北京大学城市与环境学院教授
贾　磊　山东大学校长助理、教授
戴震青　亚太建设科技信息研究院总工程师
Herbert kallmayer（郝伯特·卡尔迈耶）　德国巴伐利亚州内政部最高建设局原负责人、慕尼黑工业大学教授、山东农业大学客座教授

农村基层审稿员

曾维泉　四川省绵竹市玉泉镇龙兴村村主任
袁祥生　山东省青州市南张楼村村委主任
宋文静　山东省泰安市泰山区邱家店镇埠阳庄村大学生村官
吴补科　陕西省咸阳市杨凌农业高新产业示范区永安村村民
俞　祥　江苏省扬州市邗江区扬寿镇副镇长

王福臣　黑龙江省拜泉县富强镇公平村一组村民

丛书主编

徐学东　山东农业大学村镇建设工程技术研究中心主任、教授

丛书主审

高　潮　住房和城乡建设部村镇建设专家委员会委员、中国建筑设计研究院研究员

丛书编委会（按姓氏笔画为序）

丁晓欣	卫　琳	牛大刚	王忠波	东野光亮	白清俊
米庆华	刘福胜	李天科	李树枫	李道亮	张可文
张庆华	陈纪军	陆伟刚	宋学东	金兆森	庞清江
赵兴忠	赵法起	段绪胜	徐学东	高明秀	董　洁
董雪艳	温凤荣				

本丛书为"十一五"国家科技支撑计划重大项目"村镇空间规划与土地利用关键技术研究"研究成果之一（项目编号2006BAJ05A0712）

丛书序言

建设社会主义新农村是我国现代化进程中的重大历史任务。党的十六届五中全会对新农村建设提出了"生产发展、生活宽裕、乡风文明、村容整洁、管理民主"的总要求。这既是党中央新时期对农村工作的纲领性要求，也是新农村建设必须达到的基本目标。由此可见，社会主义新农村，是社会主义经济建设、政治建设、文化建设、社会建设和党的建设协调推进的新农村，也是繁荣、富裕、民主、文明、和谐的新农村。建设社会主义新农村，需要国家政策推动，政府规划引导和资金支持，更需要新农村建设主力军——广大农民和村镇干部、技术人员团结奋斗，扎实推进。他们所缺乏的也正是实用技术的支持。

由山东农业大学徐学东教授主持编写的《新农村建设丛书》是为新农村建设提供较全面支持的一套涵盖面广、实用性强，语言简练、图文并茂、通俗易懂的好书。非常适合当前新农村建设主力军的广大农民朋友、新农村建设第一线工作的农村技术人员、村镇干部和大学生村官阅读使用。

山东农业大学是一所具有百年历史的知名多科性大学，具有与农村建设相关的齐全的学科门类和较强的学科交叉优势。在为新农村建设服务的过程中，该校已形成一支由多专业专家教授组成，立足农村，服务农民，有较强责任感和科技服务能力的新农村建设研究团队。他们参与了多项"十一五"科技支撑计划课题与建设部课题的研究工作，为新农村建设作出了重要贡献。该丛书的出版非常及时，满足了农村多元化发展的需要。

住房和城乡建设部村镇建设司司长　李兵弟
2010年3月26日

丛书前言

建设社会主义新农村是党中央、国务院在新形势下为促进农村经济社会全面发展作出的重大战略部署。中央为社会主义新农村建设描绘了"生产发展、生活宽裕、乡风文明、村容整洁、管理民主"的美好蓝图。党的十七届三中全会，进一步提出了"资源节约型、环境友好型农业生态体系基本形成，农村人居和生态环境明显改善，可持续发展能力不断增强"的农村改革发展目标。中央为建设社会主义新农村创造了非常好的政策环境，但是在当前条件下，建设社会主义新农村，是一项非常艰巨的历史任务。农民和村镇干部长期工作在生产建设第一线，是新农村建设的主体，在新农村建设中他们需要系统、全面地了解和掌握各领域的技术知识，以把握好新农村建设的方向，科学、合理有序地搞好建设。

作为新闻出版总署"十一五"规划图书，《新农村建设丛书》正是适应这一需要，针对当前新农村建设中最实际、最关键、最迫切需要解决的问题，特地为具有初中以上文化程度的普通农民、农村技术人员、村镇干部和大学生村官编写的一套大型综合性、知识性、实用性、科普性读物。重点解决上述群体在生活和工作中急需了解的技术问题。本丛书编写的指导思想是：以倡导新型发展理念和健康生活方式为目标，以农村基础设施建设为主要内容，为新农村建设提供全方位的应用技术，有效地指导村镇人居环境的全面提升，引导农民把我国农村建设成为节约、环保、卫生、安全、富裕、舒适、文明、和谐的社会主义新农村。

本丛书由上百位专家教授在深入调查的基础上精心编写，每一分册侧重于新农村建设需求的一个方面，丛书力求深入浅出、语言简练、图文并茂。读者既可收集丛书全部，也可根据实际需求有针对性地选择阅读。

由于我们认识水平所限，丛书的内容安排不一定能完全满足基层的实际需要，缺点错误也在所难免，恳请读者朋友提出批评指正。您在新农村建设中遇到的其他技术问题，也可直接与我们中心联系（电话 0538-8249908，E-mail：zgczjs@126.com），我们将组织相关专家尽力给予帮助。

山东农业大学村镇建设工程技术研究中心　徐学东
2010 年 3 月 26 日

本书前言

经过二十多年的改革开放，我国经济获得了空前的发展，经济总量与劳动生产率快速增长，产业结构不断优化，经济、人口与城市的空间分布发生了巨大的变化。大中小城市和农村协调发展，走出了一条有中国特色的城镇化道路。农村的城镇化建设对促进城乡商品流通、促进乡镇工业化、加快第三产业的形成、带动周边地区经济增长和农村生态环境建设及人民生活水平的提高均具有重要意义。

农村基础设施作为农村生存与发展的必须具备的要素，无可置疑，在农村经济、社会发展中起着无可替代的重要作用。农村基础设施包括基本基础设施、环保基础设施、文体基础设施、娱乐基础设施和商业基础设施五个方面。农村基本基础设施包括交通、能源、通信、给水排水、农田水利等与农民生活、生产密切相关的基本保障设施，如道路、给水、排水、热力、燃气、变电配电、通信、灌溉、防灾等。本丛书以农村基本基础设施为主，本分册主要阐述道路、给水、排水、热力、燃气系统等公用设施，而电力、通信及农村水利等将在其他分册阐述。

农村基本基础设施的不断完善，可以促进农村经济、社会的不断发展；同时农村发展的进程又对农村基本基础设施提出不同的、更高的、超前的要求；当今世界，基础设施建设的现代化，正在加速实现城镇化和城镇现代化。

从目前情况看，全国农村经济发展极不平衡，对农村基本基础设施的认识和投入也存在很大差异，这直接影响了农村基础设施的建设和发展。

一、农村基础设施建设发展很不平衡

农村基础设施建设发展很不平衡,不同地区农村基础设施差别很大。经济发达地区的一批小城镇基础设施建设颇具规模,有的甚至接近城市水平;而大部分的农村基础设施规划建设现状整体水平不高,道路缺乏铺装,给水普及率和排水管线覆盖率低,基础设施建设普遍滞后,"欠账"严重,建设不配套,环境质量下降。基础设施工程的规划,一方面缺乏宏观的农村基础设施统筹规划调控机制,一个区域内的农村之间相互缺乏协调,资源不能合理调配,缺乏区域综合配置意识,各自为政,水厂等设施重复建设严重,未能建立起区域性大配套的有效供给体系;另一方面,县(市)域城镇体系起步晚,县(市)域基础设施规划对农村基础设施的内容少,不能充分发挥其对县(市)域农村基础设施的指导作用。

二、基础设施建设资金不足,是基础设施建设存在的普遍问题

据有关资料显示,小城镇基础设施每平方公里七通一平的投资下限为1.6亿元。每新增一个城镇人口,需投入基础设施建设和就业岗位安排的资金约2万元以上。而目前绝大多数农村基础设施建设的投资远远落后于这个水平,主要原因是投资主体和投资渠道单一。农村基础设施建设与运营缺乏稳定可靠的资金来源。小城镇通常以财政、土地收入、配套费等资金来源为支撑,而在村庄,则以国家部分专项补助资金和农村集体经济以及农民自筹资金为主,缺乏可靠的资金来源。政府或村集体是农村基础设施建设的投资主体,而政府或村集体财力有限,承担不了也承担不好农村基础设施建设所需的全部资金,同时其他投资渠道尚未完全建立,政府筹资能力十分有限,所以搞一个总体规划方案,放在墙上挂挂,对其详细规划及基础设施建设与深化是根本不可能的。

三、主观上人们对农村基础设施建设问题存在认识偏差

这主要表现为:在建设上的非生产性观念,在投资上的供

给和国家单一投资渠道的观念,在经济政策上的无偿使用和低价政策的观念,在社会上的福利设施观念等。所有这些观念,归根到底是对农村基础设施的产品和社会服务是否具有商品经济的性质,是不是商品,能不能按照市场经济规律来建设,而政府的作用在哪里,政府应该做什么,这样一些根本性的认识问题模糊不清,对农村基础设施建设的性质不清。对农村发展的认识也不够,认为加快农村的发展,只要工业区建起来,楼房建起来,表面好看起来,就解决了问题。同时,又由于基础设施投入大,建设周期长,产出慢,一些农村不愿意把有限的资金投入到基础设施建设上来,从而使基础设施成为经济发展的制约因素。

四、在农村规划设计和实施上也存在一些问题

只要粗放式规划设计,没有内涵延伸。农村在制定总体规划时,对农村区域内的道路系统的形式、红线宽及等级、给水排水的方案、供电线路的走向作粗放式规划,这些基础设施的规划建设,优化了旧城区基础设施,改善了居民的生活环境,加强了农村的功能。然而,随着农村经济的发展,人民生活质量的提高,要求基础设施由原来的"三通式"变为多极化。要求对粗放式基础设施内容进行细化,进行内涵式建设。

只注重景观设计,缺乏详细规划。在农村建设中,大多数农村注重点、线的规划设计,但对局部的、面的详细规划和各专业规划有所忽视,农村为了提高自身的知名度、扩大泡沫影响,对沿主要街道两侧的沿街建筑作街景立面设计,而对主要街道后成片的小区及沿街建筑居民的给水、排水、供电等基础设施却未作全面系统的考虑。

农村规划建设中基础设施实施的"短视行为"较为严重。农村规划工作带有很强的主观性,每一任领导对规划方案有不同的见解,所以他们依照自己对农村总体规划的理解,对各项工作的轻重缓急采取不同的做法。这往往造成了农村建设的"近视",也中断了基础设施建设的延续。

五、大多数农村排水、污水处理和环卫工程基础设施薄弱

目前全国有3.2亿人用水不安全。不少地区的农民饮用高氟水、高砷水和苦咸水，北方部分地区水源性缺水和东部部分发达地区水质性缺水现象共存。农村污水普遍缺乏有效治理。2005年，建设部组织对全国部分村庄的调查显示：96%的村庄没有排水沟渠和污水处理系统；89%的村庄将垃圾堆放在房前屋后、坑边路旁，甚至水源地、泄洪道、村内外池塘，无人负责垃圾收集与处理。这也从一个侧面反映了农村基础设施的整体水平普遍不高，排水工程设施和环境卫生工程设施应是加强农村基础设施建设、改变农村形象的两个突出重点。

六、宣传力度不够

一些农村对基础设施规划建设没有做广泛的宣传，部分居民受小农经济思想的影响，不理解农村规划建设给他们的生产和生活带来的好处，不理解农村规划的意图，不愿意搬迁，形成了农村基础设施建设进程中一种无形的阻力。

世界上发达国家在20世纪80年代初城镇化水平已达70%~80%，城镇的高度发展无不与其基础设施高度完善和现代化密切相关。

城镇化发展水平很高的美国东海岸、欧洲北部、英格兰中部、日本东海道的太平洋沿海、韩国的京釜沿线以及美国、加拿大的五大湖区，数量众多的城镇依托区域内的重要综合交通走廊和基础设施呈带状分布的城市连绵区，已成为区域经济重心和枢纽地区，成为工业化发展的先导区域。

区域综合交通走廊往往成为城镇密集发展的经济轴线，如韩国的京釜经济轴、日本的京阪经济轴，通过推进大城市之间的高速综合交通系统，促使大城市地区的人口和经济的高度聚集，城镇沿轴线密集分布和高度发展。

同时，由于交通和通信基础设施的高度发展，城镇时空距离缩短，以及各类基础设施、配套服务设施的高度完备，许多发达国家小城镇建设与城市已没有明显的区别。如日本20世纪80年

代中后期全国农村的基础设施已达到城市水平。日本、意大利、法国、西班牙、荷兰等国的小城镇，多数为优雅的田园城市，因而在推动城镇化进程，缓解大中城市在人口、土地和环境问题等方面的压力上发挥重要作用。美国20世纪80年代建设"都市化的村庄"，发展景观优美、环境幽雅、设施齐备的小城镇，同样离不开现代化基础设施的促进作用，基础设施高度现代化，实现了小城镇的高度现代化。都市化小城镇的吸引力使美国已有50%的人口居住在小城镇。

所以，农村基础设施的高标准、高水平、超前建设是农村经济、社会快速发展取得成功的主要经验之一；而迁就眼前利益，基础设施低起点、低水平、低标准、布局不合理、配套不完善，势必影响农村经济、社会发展，带来交通、通信不畅，水电困难、环境污染严重等一系列问题和短期勉强维持，长期无发展、难治理的被动局面。

基础设施的不断完善，带来农村投资环境、企业发展外部氛围的明显改善，促进农村二、三产业发展和生产的多样化、转移农村富裕劳动力，扩大城乡经济贸易。同时，农村基础设施的完善，也丰富了农村文化生活、促进农村文明建设和社会进步。

基于以上认识，我们特编写此书，为农民提供一本农村基础设施建设的工具书，以适应农村基础设施规划、建设的需要，为新农村建设服务。

本书根据作者的工作经验，着重介绍了适合农村特点的道路、供水、排水、热力、燃气等工程设计、施工及运行管理方面技术，并在书中列出了一定量的设计、计算实例和相关设备的产品资料等。

本书由山东农业大学赵兴忠担任主编，李天科、齐磊、吴佐莲、范军担任副主编。由赵兴忠负责统稿。具体分工为：前言由赵兴忠编写；第一章由李天科、胡玉秋编写；第二章由赵兴忠、杨泽庆编写；第三章由齐磊、王增奇编写；第四章由吴佐莲、刘小春、刘惠编写;第五章由范军、王萌、郭彬、苗泽惠(吉林建筑工程学院)编写。

  本书在编写过程中参阅了许多文献和国家发布的最新规范和标准,并列于书末,以便读者进一步查阅有关的资料,在此对各参考文献的作者表示衷心感谢。

  由于编者水平有限,书中难免有不妥之处,恳请读者批评指正。

目 录

第一章 村镇道路 ……………………………………… 1
第一节 概述 …………………………………………… 1
一、村镇道路的作用 ………………………………… 1
二、村镇道路的种类 ………………………………… 2
三、村镇道路的设计要求 …………………………… 4
第二节 路线 …………………………………………… 6
一、道路选线应注意的问题 ………………………… 6
二、平面与纵断面设计要求 ………………………… 10
第三节 路基 …………………………………………… 13
一、路基设计要求 …………………………………… 13
二、路基施工方法 …………………………………… 16
第四节 路面 …………………………………………… 21
一、路面设计要求 …………………………………… 21
二、路面施工方法 …………………………………… 24
第二章 农村供水 ……………………………………… 36
第一节 农村供水系统 ………………………………… 36
一、农村供水系统的特点和用水要求 ……………… 36
二、农村供水系统的组成 …………………………… 37
三、农村供水系统的类型 …………………………… 38
第二节 水源、水质和用水量 ………………………… 42
一、水源 ……………………………………………… 42
二、水质与水质标准 ………………………………… 47
三、设计用水量 ……………………………………… 51
第三节 水质净化 ……………………………………… 58

  一、水质净化的任务 ················ 58
  二、水质净化的基本方法 ············ 58
  三、综合净水构筑物及水的特殊处理 ······ 60
 第四节 管网和调节构筑物 ············ 68
  一、管网布置 ···················· 68
  二、管道及管网水力计算 ············ 70
  三、管材及附属设施 ··············· 77
  四、管道防腐、消毒及水压试验 ········ 85
  五、调节构筑物 ·················· 89

第三章　农村排水 ·················· 101
 第一节 农村排水系统概述 ············ 101
  一、农村排水的性质、组成 ·········· 102
  二、农村排水系统的特点 ············ 103
  三、农村排水系统的组成 ············ 106
  四、农村排水系统与村镇企业排水系统的关系 ···· 108
 第二节 农村污（雨）水管网与构筑物 ······ 109
  一、农村污水管道系统 ·············· 109
  二、农村雨水管渠系统 ·············· 120
  三、排水管渠及构筑物 ·············· 126
 第三节 农村污水处理与利用 ············ 136
  一、污水性质及排放标准 ············ 136
  二、农村污水处理设施 ·············· 139
  三、污水处理综合利用 ·············· 150

第四章　农村供热 ·················· 153
 第一节 农村供热概述 ················ 153
  一、农村供热系统的任务和形式 ········ 153
  二、农村供热系统组成 ·············· 154
 第二节 热源及供热设备 ·············· 154
  一、几种常见热源 ················ 154
  二、供热设备 ···················· 161

第三节 室内供热系统 ······ 167
一、室内热水供暖系统的分类 ······ 167
二、室内供暖系统的主要设备及附件 ······ 174
三、辐射供暖 ······ 181

第四节 供暖系统设计 ······ 188
一、热负荷和散热器数量的计算 ······ 188
二、室内管网管径计算 ······ 189
三、循环水泵、补水泵的选择 ······ 190

第五节 几种供热方式的经济、性能比较 ······ 191
一、供暖方式的特性比较 ······ 191
二、不同供热方式的投资成本与运行成本比 ······ 192

第六节 供热系统的运行管理 ······ 193
一、热源设备的维护管理 ······ 193
二、管网的维护 ······ 194
三、供热系统节能管理 ······ 195

第五章 农村燃气与沼气 ······ 200

第一节 农村燃气 ······ 200
一、农村燃气的输送与供应 ······ 200
二、燃气器具选择 ······ 205
三、燃气安全及节约使用常识 ······ 210

第二节 农村沼气 ······ 214
一、沼气概述 ······ 214
二、常见沼气池的形式及特点 ······ 218
三、沼气池的设计 ······ 222
四、沼气池的修建 ······ 223
五、家用沼气池的配套设备 ······ 225
六、提高家用沼气池产气量的措施 ······ 228
七、沼气使用过程中的安全事项 ······ 230
八、沼气池产品的综合利用技术介绍 ······ 231
九、以沼气为链条的循环经济模式介绍 ······ 233

第三节　燃气与沼气的运行管理 234
　　　一、燃气的运行管理 234
　　　二、家用沼气池维护、运行与管理 238
问题索引 243
参考文献 250

第一章 村镇道路

第一节 概 述

一、村镇道路的作用

村镇道路是农村组织生产、搞活流通、安排生活所必需的车辆、行人交通运输往来的通路，它是连接村镇中各个用地组成部分，如中心区、乡镇企业区、生活居住区以及对外交通枢纽、风景游览地等，并与镇郊公路、农村居民点相贯通的交通设施，在村镇总平面规划图上，它系建筑规划所确定的各项建筑、生产以及其他专门用地控制线之间的网状专门交通用地。这种控制线，通常称之为红线，它系规划管理部门进行村镇建设用地管理与贯彻总体规划意图的重要依据。

道路不仅是组织交通运输的基础，而且也是布置必要村镇公用管线、街道绿化；安排沿街建筑和划分街坊的基础；并在一定程度上体现农村的环境景观和面貌。因此，它是农村建设中最重要的基础设施之一。

村镇道路是指位于村镇用地规划范围内的各种干道和支路，其中位于建成区外，联系近郊所属农村居民点、村镇以及与对外公路衔接的道路，也可称为郊区道路。

村镇由于居民人口构成、各类车辆结构比例，以及其他因素等，与城市有很大差异。因此，村镇道路上的交通特点，也明显与城市道路有所不同。在进行村镇道路设计时，必须考虑它的上述特点，因地、因路制宜，论证分析，确定道路的线形、红线宽度与断面组合，切不可盲目套用大、中城市的有关定额、技术经济指标与经验。此外，鉴于随着经济与社会发展，不少村镇的人口、用地规模会逐渐增大，其中某些位于交通枢纽，经济发达地区的村镇，有可能在中、远期发展升格为县级镇或小城市的。因此，对这类规模较大村镇的主要干道，在红线与线形规划设计中，又必须注意远近结合，留有余地，而不宜机械地按目前集镇规模，交通结构，运用其技术标准。

村镇道路网，系指村镇辖区用地范围内，由各种功能特点有所侧重的不同干道和支路组成的交通运输网；若含义上包括必要附属静态交通设施，则可称之为道路系统。

道路系统规划布局合理与否，不仅直接关系村镇各组成部分之间的交通联系是否便捷、安全、经济，而且也关系到整个村镇近、远期经济与社会发展的合理布局；生产、生活的协调安排。因此，它是村镇总体规划中总平面布局的关键骨架。搞好路网规划与干道设计，具有重要技术经济意义。

二、村镇道路的种类

村镇道路分类的基本因素是交通性质，交通量和行车计算速度。鉴于村镇规模一般较小，目前有些省区大致按集镇规划总人口数，将村镇划分为四类：即人口多于20 000；人口在10 000～20 000之间，人口在5 000～10 000之间以及人口在3 000～5 000之间。

基于村镇人口、交通构成特点，其道路分类既要依据基本因素，注意分清道路等级、功能，又要考虑建设经济，容许次要干道及小规模集镇干道有一定综合功能；并在近期容许不导致交通安全问题的某种幅度混合交通安排。

结合村镇交通现状、特点及发展趋势综合考虑，将村镇道路划分为四类。

1. 主干道

它是较大村镇中道路网的骨干，其路线多贯通村镇用地各主要分区，并与镇中心地区切向连接或通过；其功能是承担村镇内的主要客、货交通运输任务。大镇的这类干道，特别是带形集镇的主轴向,一般宜布设通过式公共交通停靠站,或来自附近城市的远郊公交客运终点站。主干道若位于乡镇边缘并与对外干线公路衔接,则可称为过境干道。

主干道的计算行车速度,对人口规模可达1~2万人以上的乡镇村,一般宜为40km/h(千米/每小时);个别考虑有升格为小城市的,也可考虑采用40~50km/h;一般中等规模(一万人左右)则用35~40km/h;路幅红线宽度一般约为25~35m(米)。

2. 次干道

它是村镇的辅助性干道。带形集镇多沿着主干道走向,接近平行布置,或在中等规模集镇中单独设置在乡镇次要轴线方向及组团式布局集镇的分区内;其功能系承担分散主干道的交通运输任务。这类道路的计算行车速度为25~30km/h,最好采用30km/h;红线宽度可为16~20m。

对人口规模不足一万人的集镇,上述两类可合并称为一类,称之为干道,计算行车速度可取25~35km/h;红线宽用18~20m,个别可达25m。

3. 支路

支路包括干道间的速通路、居住小区、街坊范围内主要供居民出入车辆交通,通向干道的可通行机动车道路。它的计算行车速度为15~20km/h;红线宽9~12m,容许机动车、非机动车合道混行,原则上除连通路外,不为穿越过境机动车交通服务,以保持环境安静。

4. 生活服务性道路

这是村镇干道网中的功能侧重生活性的道路。一般有商业大街(或步行街)、风景区道路等。商业大街是村镇中心地区商业文化生活服务设施集中的路段,一般在营业高峰时宜限制货车、拖拉机穿越,其交通特点是步行、自行车流量大,个别大集镇可能有少量公交线设站,其车速与红线与次干道类似,新建区红线宜放大到25m左右。

风景区道路是乡镇通向近郊风景区供自行车、客运旅游车行驶往来的道路。这类道路应注意结合自然地形、景观要求来设计布线，切忌过多追求线形平直，而进行不必要大填大挖、裁弯取直，导致环境破坏。其道路宽度，应根据游人量集中高峰流量大小，论证采用支路标准；计算行车速度，则宜采用次干道标准。这类道路临近景区入口段，宜适当加宽，以便于绿化与停车场地的布置。

尽管近几年来，我国在村镇道路建设中取得了可喜成就，但由于经济与科学技术力量发展不平衡，总的说来，乡镇道路现状还普遍存在路网不完善，道路功能不够分清，各类车辆、行人混行状况待处理，以及路窄、停车用地严重不足以及集贸市场布局定点与交通组织欠协调等问题。加上基层技术力量薄弱，随意搬用大中城市道路设计技术标准的现象仍有发生。这些问题，有待我们今后努力改进。

三、村镇道路的设计要求

1. 路基、路面宽度的确定

路基宽度取决于车辆宽度和速度，再加上为保证安全行车所需的宽度。如果来往车辆不多，路基宽度能通过单车，叫做单车道路基；如果来往的车辆比较多，就得建造双车道路基。《公路工程技术标准》中规定四级公路路基宽度为 4.5~6.5m，4.5m 就是单车道路基宽度，6.5m 就是双车道路基宽度。

四级公路不管路基多宽，路面宽度都规定为 3.5m。这是因为路面需要用砂、石、黏性土等材料，采集和铺筑都比较费工花钱，有时当地没有材料，还要从远的地方运来，造价就高，所以在行驶车辆不多的情况下，只修 3.5m 宽路面就足够了。如果来往车辆较多或有较宽的农业机械通行，而路面材料也较方便，也可修成 5.5m 宽。

2. 转弯最小半径的确定

转弯半径应该取多大，这要根据车辆行驶速度来定。半径与车速平方成正比,车速大,要求的半径就大,车速小,要求的半径就小。《公路工程技术标准》中规定四级公路的转弯最小半径在平原、微丘地区是50m,而在山岭、重丘地区则是15m。

3. 弯道外侧超高的作用

车辆在弯道行驶时,要受到离心力的作用,这种离心力的大小,是与行车速度的平方成正比,与转弯半径成反比。车辆在较小半径弯道上行驶时,如果速度较快,车身就会向弯道外侧倾斜,为了防止车辆向外侧倾斜发生危险,只能把路的外侧提高,使路面在横向朝内侧有一个倾斜度,来抵消离心力的作用,这就是弯道超高。超高多少,横坡度(即横向倾斜的程度)一般用高差与水平距离之比的百分数来表示,规定在2%~6%之间。

4. 弯道加宽的目的

车辆在弯道行驶时,后轴靠内侧的车轮所经曲线的半径较小,而前轴靠外侧的车轮所经曲线的半径较大,因此,车辆在弯道上行驶需要的路面宽度,较直线段上要宽些,所以弯道上路面应适当加宽,见图1-1。四级公路单车道路面加宽的值可按表1-1采用。

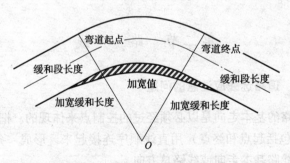

图1-1 弯道上路面应适当加宽

弯道曲线加宽 表1-1

弯道曲线半径(m)	200	150	100	70	50	30	25	20	15
加宽值(m)	0.2	0.3	0.4	0.5	0.6	0.7	0.9	1.1	1.25

5. 行车视距要求

车辆行驶时，驾驶员应该能够看清楚前面一定距离内的道路情况，以便及时发现行人、障碍物或对方来车，来得及采取停车或避让措施，以保证安全。这种需看清的最短距离叫做视距。

视距的大小与车速有关，其值等于下列三种距离之和：从驾驶员看到障碍物起到开始刹车时这一瞬间所行驶的一段距离；从驾驶员开始刹车到完全停车时所走的一段距离；再加一段保险距离。这三种距离之和就是最小停车视距。《公路工程技术标准》中规定，四级公路平原、微丘的停车视距是50m，而会车视距则是100m；山岭、重丘地区的停车视距是20m，而会车视距则是40m。

6. 道路纵坡的要求

纵坡的大小是道路陡峻还是平缓的标志。纵坡大，不但上坡困难，下坡更容易出危险，速度快时，更不好刹车。因此，道路纵坡的大小必须根据各种车辆的性能加以限制，这个限制的纵坡叫做最大纵坡。《公路工程技术标准》中规定，四级公路最大纵坡是8%。

第二节 路　　线

一、道路选线应注意的问题

线路的基本走向是以必须经过的控制点来体现的。把这些控制点（包括起点和终点）用直线顺序连接起来，形成一条折线，就代表线路基本走向或线路总方向。

线路的起点、终点和中间控制点以及修建的技术标准，一般都要根据工农业发展和山、水、田、林、路综合治理的规划，预先确定。控制点间的道路如何走法，则根据实地调查，结合自然条件，各项建设规划以及技术标准等因素，具体比较确定。如果控制点事先尚未肯定，也可以在调查线路方案时一并进行。

1. 线路方案的选定方法

任何两个控制点间,要按一条直线来修建往往是办不到的。它们中间,可能有高山,湖泊的阻隔,也可能收到厂矿、水库等的影响,需要避让或考虑连接,因此,线路走法就可能有多个方案。这些方案对工农业的影响及将来行车是否方便、迅速、安全、工程难易、耗费劳动力的多少都会有很大的差别。因此,必须从经济技术等方面综合考虑。为了选出一条好的路线方案,应该力求做到以下几点。

(1) 选择路线方案,要认真到现场调查研究,多问、多跑、多看、多研究、多比较,详细占有资料,从中才能选择比较合理的方案。

(2) 线路选择,一定要以交通长远规划和山、水、田、林、路综合治理的规划紧密配合。要尽可能少占耕地(尤其是好地)和有价值的果木林园,把修路与治山、治水、改田、造田、筑坝、灌溉等工程结合起来,像有些地区采取的"山下是渠、渠外是路、路外是田"的山、渠、路、田并治的办法。

(3) 线路选择要方便群众,便利交通,多联系居民点、村镇,不能过分强调线路短捷而远离村镇。线路通过村镇,应该"靠村不进村,利民不扰民";桥位选择,也应这样考虑。

(4) 确定修建方案,要根据人力、物力的情况,采用一次建成或者分期修建,先求通后提高。如果采用分期修建,必须使前期工程在后期仍能充分利用。比如,路基可以先修单车道,路面先做简易的,沿河线路,遇到较大深沟,可以先绕越,对于河床又宽又浅,常年水流不大的河流,可以暂不修桥,先修过水路面等;纵坡,进出口工程较大的涵洞,最好一次修好;常年流水较深,不修桥就通不了车的河流,最好修桥。

(5) 要掌握好技术标准,正确处理工程量与运输,行车安全及养护的关系。既要防止不顾工程大小,片面追求高标准,也要防止只图省工,不讲标准,以致影响使用和行车安全。

(6) 大中桥和隧道位置的确定,原则上应服从线路总方向,桥、隧与线路要综合考虑。不要为了迁就一个好桥位,把线路绕弯的过长或者只顾线路顺直,不顾建桥的困难。

2. 调查需要解决的问题

野外调查是决定线路方案不可缺少的工作,调查的内容主要有以下几个方面:

(1) 初步确定线路起点、终点、中间控制点的具体位置。调查中,如果发现上级指定的控制点不够合理时,要收集充足资料,提请上级考虑。

(2) 拟定桥的位置和桥的长度及桥型。

(3) 初步拟定与其他重要交通线和管道的交叉及交叉方法。

(4) 确定越岭线跨越山岭的方案和跨越山岭的位置;落实线路绕上山岭的办法。

(5) 需要采用隧道地段,初步定出隧道进出口位置和量出它的长度。如果有可以不采用隧道的方案,要搜集资料,算出工程量进行比较。

(6) 确定须要经过详细测量,做进一步比较的线路方案。

(7) 确定线路如何连接沿线的村镇和工矿区,采取穿过、靠近,还是绕避另以支线连接。

(8) 根据地形情况,提出地形分段及相应的技术标准分段的意见。

(9) 选定或推荐线路方案,必要时应提出沿线的主要工程概略数量。如线路长度,占用耕地数量,路基土石方数量,小桥涵的数量,隧道长度,挡土墙数量等。

3. 实地调查内容和工程量估算

上面介绍了选定线路方案的要求和调查的内容,就可以针对这些内容进行调查。

(1) 广泛调查拟定线路方案

调查时,根据线路必经的控制点,首先广泛地查看地形、地质情况,摸清控制点间水系和山脉走向及河流流向,撇开那些用不上的和可能遇到的严重不良地质地段,拟定需要比较的线路方案。比如沿河线高一些还是低一些，越岭线翻越垭口要挖多少才合适等问题都是属于细节，不是调查时要解决的问题。

调查一般可以沿人行路进行查看。因人行路是当前群众经过若干年的不断实践和不断修改而定下来的重要交通线。它具有方向直，距离近的特点，对选择线路方向及走法都有参考价值。

在调查开始前，应搜集当地带有等高线的地形图，比例尺为万分之一或者十万分之一的为宜。可先在图上研究线路可能的各种走法，以供实地调查时参考，这样可以大大减少调查的工作量。

（2）路基土石方估算

路基土石方是指开挖或者填筑路基的土和石的数量，这个数量一般都用体积的单位立方米来表示，所以就简称为路基土石方。调查时只能做到估算，当然就不会太准确。

（3）桥涵调查

当线路需要跨过小河流时，桥位原则上服从线路总方向，因此应在离线路总方向不太偏离过多的河道范围内进行调查，找出适宜建桥的桥位，一一进行分析比较，并征求有关单位的意见，最后选定一个或两个桥位。

桥位应选在河道顺直，水流稳定、地质良好的河段上，并注意桥、坝、渠结合，一桥多用，同时还要方便群众。对平原区弯曲型河流，桥位应选在河弯逼近河岸处较稳定的河弯中部，避免在两河弯间的直线段设置，以免河床变迁危及桥位。跨山区的河流，桥位应选在河岸顺直，河床较窄，水流顺畅，容易布置桥头线路的河段上；尽可能避开河弯、沙洲、河中突出的孤石、河道急剧展宽等处。

对于小桥、涵洞，不需要估算长度，只要统计出座数或道数就可以。因此，调查时要搞清楚哪些小河流或溪沟修建小桥，按经验估计，一般山区每公里约3~6道，干旱地区1~3道，平原农作区4~7道，平原稻田区5~8道。

（4）其他工程调查

调查中要随时注意地质不良、陡峻山坡以及沿河等地段，是否需要作挡土墙，以便估计工程量。

二、平面与纵断面设计要求

使道路各直线段与曲线段在平面和立面上有平顺、柔和的衔接，并在技术标准上满足道路等级的交通要求，称之为道路线型设计。

道路线型包括道路红线范围在现状地形图上的平面投影位置和道路中心线或其他特征线在纵向所作的垂直剖面（立面）线型，前者称为道路平面，后者称为道路纵断面。

乡镇道路平面线型设计系根据乡镇路网规划已大致确定的道路走向，路与路之间的方位关系，以道路中心线为准，按照行车技术要求在地面上确定道路路幅在平面上的直线、曲线路段及其衔接；交叉路口的形式、桥涵中心线的位置及其终点以及必要公共交通站点、绿化分隔带、地上杆线等的平面安排。

纵断面线型设计系依据道路平面确定道路中心线在立面上相对于地面的位置和高低起伏关系（如坡度、竖曲线）及其相互线型的平顺衔接，并且具体确定平面交叉口、立体交叉以及桥梁等的控制标高。

1. 道路平面设计要求

乡镇道路平面设计的主要内容是依据规划路线的起、终点及中间控制点和横断面布置，结合自然地形、地物现状以及临街建筑布局的要求，因地、因路制宜，经济合理地确定路线的具体转折，选定适应行车技术要求的合适平曲线半径将转折线平顺衔接，并论证地设置必要超高、加宽和缓和路段。同时进行必要行车视距验算，以及合理确定分隔带、人行道绿化、杆线设施地平面位置等。

道路平面设计包括试定道路中心线、平面位置选择与计算平曲线有关参数。编排路线桩号以及确定路段、平交路口红线范围，绘制平面图等步骤。

(1) 试定设计线

由于乡镇道路常有许多交叉口，故路线转折点最好选在交叉口上。只有当所试定中心线受到地形、现状建筑物拆迁困难，或需避开水面等问题时，才宜在干道交叉点之间加设平面线形转折点，并相应布置平曲线。对试定设计线作必要校核调整，以达到合理、经济，尽可能减少拆迁工作量，这对旧镇道路改建尤为重要。

(2) 根据设计道路等级选择或计算确定平曲线

在已定转折线的基础上，根据道路性质、等级选定平曲线半径范围，再结合地形、地物现状确定合适曲线半径，然后查曲线表或按公式算出有关参数，从而得到曲线起、中、终点的坐标。对小半径弯道尚需检验行车视距、曲线长等是否足够，并论证是否设置超高和加宽。

最后，可在平面图上注明曲线要素，并从路线起点起，按每20m、50m或100m间距向前进方向编排中线里程桩号。对曲线起、中、终点以及桥涵、交叉口、地形变化处等特征点，应另设加桩。这一编桩工作，也宜尽可能结合现场勘测定线来进行。

(3) 绘制平面图

先在描好的现状地形图上画出道路中心线，然后画出道路边线、行车道与人行道的分界线，并绘出分隔带以及各种路上的附属设施，如交通岛、公共交通站点、地上杆线、行道树等。此外，还宜将沿街主要建筑物的出入口、雨水口、桥涵的位置加以标注。

道路平面图的绘制范围，在建成区宜超出红线范围每侧各约20m，其他情况可为道路中心线两侧各50~100m。图纸上方应标明指北方向。

2. 道路纵断面设计要求

道路纵断面设计线形，系依据道路性质、行车技术要求，并结合地形、现状、排水、路面结构、街道景观、地下管线要求而综合分析确定的一组直线和曲线衔接组成。在纵断面图上表示原地面高程起伏变化的标高线，称为地面线。地面线上各桩号处的高程，称为地面标高。设计线系表示道路中心线的设计纵坡、高程的标高线。设计线上各桩号处的高程，称为设计标高。设计线与原地面线上各对应点之间的高程差，称为施工高度或填挖高度。凡设计线高于原地面线的需填土，反之则为挖土。若设计线与原地面线相重合，则为不填不挖。一般纵断面设计线力求与地面线接近平行，注意减少土石方工程量。

纵断面设计的主要内容有：结合道路行车技术要求、排水、临街建筑物布置的需要以及路面结构强度、稳定性、地形、现状条件等来合理确定各立面控制点间的线形柔和平顺衔接，论证确定纵坡和竖曲线大小，从而做到工程经济，满足交通、环境的要求。

具体设计包括：分析确定各立面控制点的高程、纵坡度及坡长、竖曲线半径，计算各桩号的施工高度，标定桥涵护坡、护墙的位置等。

（1）勘测、描绘地面标高线

根据平面设计确定的路线走向、转折点坐标或实际地面埋设的控制点桩，将道路中心线移到实际地面上，再进行中线各桩的水准测量，并随时适应地形起伏变化及小桥涵设置需要补设特征点加桩，同时测记这类特征点以及平曲线起、中、终点的标高，然后绘出地面线。

（2）试定与确定设计线

首先根据道路技术要求，估计路面结构厚度，结合地形、地物实际和排水、地质水文等条件分析，拟定各立面控制点的设计标高，然后标注在图纸上，然后试定设计纵坡线。

对经过比较确定的设计线，并选定合适半径曲线进行衔接，同时查竖曲线表或用公式计算定出竖曲线有关要素。最后，可进行各桩号的设计高度及填挖高度计算，并标注于图纸的下方。

（3）绘制纵断面图

道路纵断面设计图一般包括下述内容：道路中线地面线、设计线、纵坡及坡长、竖曲线、各桩号的施工高度、土质剖面、桥涵位置及孔径、结构类型及相交道路交点、重要建筑物出入口的标高和地下水位、地下管线管顶的标高等。对沿线水准点的位置、高程与滨河路的计算洪水位亦应加以注明。此外，还可加绘路线平面示意图以资对照。

纵断面图的比例尺，在技术设计阶段，一般用水平方向1:1 000~1:500，垂直方向1:100~1:50的较大比例尺；当地形过于平坦时，垂直方向比例尺，还可适当放大。至于初步设计或纸上定线也容许水平方向采用1:2 000的比例尺。

第三节 路 基

一、路基设计要求

路基是路面的基础，一般由自然土壤构成。为了保证各类机动车辆在道路上行驶的安全、平顺与通畅，要求路基具有足够的密实度、强度和稳定性，从而能为路面的坚实、平整提供有力可靠的支承。

一条路的路基，有的是完全填筑，有的是全挖，有的是半填半挖，全填的叫做路堤，全挖的叫路堑。在修路基时，不管是填、挖或半填半挖，对路基的高度和边坡坡度，都得有一定的要求，以保证路基，结实和稳定，不致受气候和水的影响而发生坍塌。

1. 路基的构造要求

（1）路基的高度

在平原、微丘地区，如果地面排水情况良好，没有积水，路基可以就原地或略高于原地面；如果地面经常有积水或者距离地面不深处有地下水，应该按填土性质决定路基需要高出长期积水或地下水面的高度，才使路基不致受水的影响。

路基高度在长期或经常有积水的地方，路基边缘距水面的高度，砂性土一般为 0.3~0.8m，黏性土为 0.5~.1m，粉性土为 0.8~1.5m。例如积水水面深 0.3m，准备填黏性土，路边高出积水水面的要求是 0.6m，那么最小的路基高度就应该是 0.3 + 0.6 = 0.9m。

路基高度在有地下水的地方，路边高出地下水水面，砂性土一般为 0.6~1.4m，黏性土为 0.8~1.9m，粉性土为 1.4~2.2m。

为什么有水时要把路基提高呢？因为土里面有很小很小的孔隙，地面积水会浸进路基，地下水会被土吸上来。各种土把水吸上来的能力是不同的。例如砂性土把水吸上来的能力最小，黏性土就大些。路基土里面含有水，在寒冬时会冻胀，春暖时就成烂泥塘，这种现象叫做翻浆。所以，要根据不同的土和水面的高低规格路基的最小高度数值，在南方可用较低值，北方则应用较高值。至于用砾碎石土填的路基，由于受水影响较小，路边高出水面的高度，可比砂性土更低些。

另外，沿河和桥头的道路，其路边也应比一般洪水位略高一些，才不致受河水淹没，影响行车。但如果允许在洪水时可以短时间不行车，那么路基高度比洪水位低一点也是可以的。

（2）路基的边坡

路基边坡坡度应该采用多大，取决于土、石方经过填挖后能达到自然稳定状态坡度，也可以参照当地已建成道路的经验确定。

填土路基或路堤的边坡坡度一般采用 1:1.5，但是它的填土高度超过一定值时，例如黏性土、粉性土超过 6m，砂性土超过 8m，砾碎石土超过 12m，从坡脚起应该采用 1:1.75。

如果边坡需要陡点，就得采取一些措施，比如在填土时分层加强压实，并且在夯实边坡上用草皮加固，以防止风吹雨打。在这种情况下，采用 1:1.33 或 1:1.25 的边坡代替 1:1.5 的坡度；用 1:1.5 的坡度也可以代替 1:1.75 的坡度。

在河滩上的土路堤，其边坡坡度就要放缓成 1:2，有时还需要用草皮或石头加固边坡,以防止流水冲刷。

用石头填筑路堤,小块石(直径小于25cm)填的边坡可采用1:1.33;大块石(直径大于40cm)可采用1:0.75。

2. 路基的材料要求

(1) 巨粒土包括漂石(块石)土和卵石(小块石)土,有很高的强度和稳定性,是填筑路基很好的材料,用以填筑路堤时,应正确选用边坡值,以保证路基稳定。级配良好的砾石混合料,由于粒径较大,内摩擦系数亦大,密实程度好,强度和稳定性均能满足要求;级配不良的砾砂混合料,填筑时应保证密实程度,防止由于空隙大而造成路基渗水、不均匀沉陷或表面松散等病害。

(2) 砂土无塑性,透水性强,采用砂土修筑路基,强度和水稳性均较好。但砂土由于黏性小,易于松散,压实困难,需用振动法才能压实,经充分压实的砂土路基压缩变形小。在有条件时,可掺加一些粉质土,以提高其稳定性,改善路基的使用质量。

(3) 砂质土含有一定数量的细颗粒,使其具有一定的黏聚力,不致过分松散。例如:粉土质砂,其颗粒组成接近最佳级配,渗水性好,不膨胀,湿时不黏着,雨天不泥泞,晴天不扬尘,在行车作用下,易被压实成平整坚实的路基。因此砂质土是修筑路基的良好材料。

(4) 粉质土含有较多的粉土颗粒,平时虽稍有黏性,但分散后易扬尘,浸水时很快被湿透,易成流体状态(稀泥)。因此,粉质土是最差的筑路材料,如果必须用粉质土填筑路基,宜掺配其他材料,改善其性质,并加强排水以及采取设置隔离层等措施。

(5) 黏质土中细颗粒含量多,内摩擦角小,黏聚力大,透水性小,吸水能力强。黏质土干燥时较坚硬,不易破碎,亦不易被水浸湿;但浸水后,能比较长时间保持水分,因而承载力很小。在季节性冰冻地区,在不良水温状况下,黏质土路基也容易产生冻胀和翻浆。黏质土如能在适当含水量时充分压实和采取良好的排水和隔水措施，修筑的路堤也能保持稳定。

综上所述，填方路基宜选用级配较好的粗粒土作为填料。砂质土是修筑路基的最好材料，黏质土次之，粉质土是不良材料，最易引起路基路面病害，高液限黏土，也是不良的路基土。此外，对于特殊性质的土类，如泥炭、淤泥、冻土、强膨胀土及易溶盐超过允许限量的土，均不得直接用于填筑路基。

二、路基施工方法

1. 施工放样方法

在道路施工以前，根据测设得来的具体尺寸，把路基的形状，在实地上一一标出，这项工作通常叫做路基放样。

在路基放样之前，首先补测丢失的路基中桩，以便于放样。放样工作总的有两种方法，一种是没有测横断面图，可根据路基填挖高、路基宽度、边沟大小和边坡坡度，结合实地地形通过计算，得出路基坡脚或坡顶间的宽度，在实地上放出样来。另一种，如果已经测了路基横断面图，就直接按照路基横断面图放样。放样工作包括标钉填挖高、标钉边桩、标钉取土弃土界桩。这三道工序，除第一道非做不可外，其他两道在有一定筑路经验的情况下可以不作。

（1）标钉填挖高

为了使路基填挖工作能顺利进行，应当在每一中心桩上竖一根标杆，在上面作一标记，注明填土高度。同时，在两旁边桩上也应当按规定的坡度各钉上一块样板，以便于照着样板的斜坡作路基的样板。

在挖方地段，应在中心桩上注明下挖深度，并设置同样的边坡样板。在注明每个中心桩的填高或挖深时，要注意与附近的其他中心桩的填、挖数核对，是否正确。

在施工中，有时由于放炮或机械作业等原因，不可避免地要破坏一些中心桩和标钉的填挖高度的标志，就需要进行移桩和移高的工作。移高则是把路基标高移到路基外不易遭到破坏的树桩、岩石上，在这些固定物与路基标高同样高的地方用红油漆画一醒目标志，或者测出这个固定物与中心桩的高差，把它记下来。这样，如果在开山放炮过程中，破坏了路基中心处的填挖标志，就可以立即找到路基外的这些固定物或标志，恢复路基的填挖尺寸。

（2）标钉边桩

在路中线两边，测定出填挖宽度，并钉桩标明，这样叫做标钉边桩。在直线和平地上，每20m到100m钉一处边桩；在曲线上、陡山坡上或高填深挖地段，每10m钉一处边桩，桩的稀密视实地情况而定，目的是便于施工。边桩钉好后，有条件时应沿边桩撒上石灰线，或挖一小沟，或牵上藤条之类的绳子，以便按照这个标志填挖。

（3）标钉取土、弃土等界桩

路基放样工作，在标钉填挖高和边桩以后，还应当把填方在哪儿取土，挖方往哪儿倒土的边界指示出，并与山坡取土变梯田，梯田取土变平田，平地取土不废田，改河修路造良田一起综合考虑。

2．路基修筑要求

（1）清理场地

在路基开始修筑前，先要根据路基放样的边桩清理路基场地，砍除竹、木、藤、草。当路基填土高度小于60cm时，应将地面上的杂草、淤泥全部除去；填土高度小于1m时，应将较大的根挖除，挖除树根的坑，应分层填筑夯实。如线路经过水塘或低洼水田，应将水全部排除，并挖去淤泥，再用土填筑路基。

（2）技术交底

当清好场地以后，便可进行技术交底，开始修筑路基。技术交底工作主要内容：

1）介绍道路标准，设计图纸资料，施工地段各种桩的位置及用途；

2）讲清路基边坡的坡度、边沟尺寸；

3）指明取土和弃土位置及做法，避免乱堆乱放损坏庄稼多占耕地；

4）注意保留交角桩和中心桩，介绍移桩、移高办法；

5）交代挖出的土石方如何充分利用，保留作路面材料的土石方，应放在什么地方；

6）交代修桥涵的位置，禁止堆置弃土，免得返工重挖；

7）讲解安全操作知识和质量标准要求。

3. 路基填方要求

填路基使用的土，除半填半挖是以挖作填外，一般是从边沟或附近容易挖掘的高地上挖取，只有当路线两旁因积水使土壤过湿，或附近土质太硬不易挖取，才另找采土场运土，或纵向利用较近的弃土。

普通土都可以用来填筑路基，但淤泥、腐殖土、碱性土不能使用。在填筑路基时，最好用一种土；但如有两种土时，应分层填实，把透水性较差的黏性土和粉性土填在下面，把透水性较好的砂性土填在上面，并将下面填土的顶面做成4%的横向坡。

路基填土应该按照整个路基宽度分层填实。每层填土厚度不应大于30cm，土块必须打碎，填够一层时，把表面整理平顺后，由路基两边进行压实移向中心。

在山区常常使用开山石料或天然石块填筑路堤，应把较大石块填在下层，由下而上的石料尺寸逐渐变小。填筑时，应分层整理平顺，嵌塞稳固，不能架空。接近面层30~50cm那部分，使用较大尺寸的石碴、石屑填塞坚实，或用砾、碎石土壤填筑，夯打密实，不使发生沉陷。

修建傍山路基半填半挖地段，如填土部分的原地面横向坡度陡于1:5时，在填筑路堤前最好要把地面挖成台阶，每级宽度约 1~2m，并向内侧挖成 1%~2% 的横坡。在砂土地带，不挖台阶，只将地面锄松，以便使填上的新土和原地面的老土很好地结合。当原地面坡度陡于 1:2 时，应考虑用石块砌筑边坡。填筑方法都是分层进行，不要用高处挖下的土石随意乱堆。如果地面横坡很陡，或填筑路基取土困难地段，或填方下坡脚有受水冲刷的危险时，可考虑修筑挡土墙。常见填方路基形式见图 1-2。

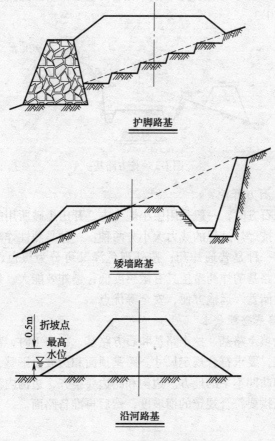

图 1-2　常见填方路基形式

4. 路基挖方方法

(1) 土方开挖

当采用人工开挖路基时，一般都在路基宽度范围内，顺着路线方向分层开挖，这样可以容纳较多的人去开挖土方。开挖时先挖好路槽，再挖好边坡，最后再挖好边沟。挖路槽时，一般是从上向下进行。开挖土方时，一是禁止自下向上掏挖，以免造成事故，二是要注意排水。另外，在路基开挖过程中，如果土质有变化，都需要及时调整原设计的路基边坡坡度，以保证路基边坡稳定。见图1-3。

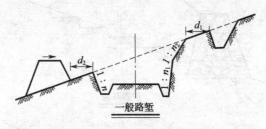

图1-3 挖方路基

(2) 石方开挖

开挖石方时，一般采用中小炮为主，开山爆破所用的炸药种类很多。按爆炸过程的威力大小分两种：一种是烈性炸药如黄色炸药，另一种是普通炸药；按外观色泽又可分为黑色、黄色两种。开挖路基的炸药希望具有敏感度低，爆炸效能大，化学稳定性好以及储蓄、运输方便、安全等优点。

5. 路基整理要求

无论填土路基、挖土路基和石方路基，在完工时，都要进行一次整理，要求符合规定尺寸。路基顶面和边坡要平整，没有坑槽缺陷和凸凹不平的地方。边沟和路边要整齐，边沟内流水要能顺畅。路拱要符合规定的横坡度，然后再准备路面。

第四节 路　　面

一、路面设计要求

1. 路面构造分层形式

路面结构可以分为面层、基层和垫层三个主要层次。

（1）面层

面层是直接承受行车荷载作用及大气降水和温度变化影响的铺面结构层次，并为车辆提供行驶表面，直接影响行车的舒适性、安全性和经济性，给周围环境带来不同程度的负面影响。面层可由一层或多层组成；其上层可为磨耗层，其下层可为承重层、联结层或整平层。

（2）基层

基层主要起承重作用。基层厚度大时，可分设两层，分别称为上基层和底基层，并选用不同强度或质量要求的材料。

（3）垫层

在路基土质较差、水温状况不良时，或者在路面结构厚度小于最小防冻厚度要求时，在基层之下设置垫层，起扩散应力、排水、防冻胀等作用。

路面是专供各类车辆，在规定车速、载重与流量下，保证安全、通畅行驶的结构物。系用坚强、稳定的材料直接铺筑，压实而成。其技术性能良好与否，直接影响行车速度、安全与运营经济。因此，路面应有与道路等级相适应的强度、稳定性和平整度，并保持足够表面粗糙度、少尘或无尘。其具体要求是：

1）强度

路面强度是指路面整体对行车荷载引起的变形、磨损与压碎、拉裂等的抵抗能力。一般要求路面在规定的车辆交通荷载、作用频率与自然气候、水文变化因素作用下，不产生超过允许限度的变形、磨损、压碎和开裂。

2）稳定性

路面的强度无疑会受到自然气候、水文条件季节性变动的影响而波动，特别是对温度、湿度变动的反应比较敏感。因此，一般要求路面的强度能在一年中随季节而波动的幅度限制在较小的范围内。这种保持强度相对稳定的能力，称为稳定性。

3）平整度

路面表面愈平整，行车阻力及车辆振动愈小。鉴于车辆在平整度差的路面上行驶，会加速车辆机件的振动损坏、轮胎的过早磨损与燃料的过多消耗，因此，不同等级的道路，对平整度均有一定的要求。

4）粗糙度

路面表面的粗糙度关系到行车速度与安全，特别是在陡坡、急弯的线形不利路段以及快速、高速道路，足够表面粗糙度尤为重要。所谓粗糙度，是指路表面与行驶车辆轮胎之间应有足够的摩阻力，以满足车辆滚动前进或制动停车安全可靠的需要。若路面过于光滑，当在潮湿或冰冻季节行车时，由于路表面与车辆轮胎间摩擦系数的大大降低，不仅有效牵引力得不到发挥，车速提不高，而且易导致交通事故。因此，必须慎重选择路面表面结构层的材料。一般对陡坡、急弯路段，快速、高速路以及多雨、冰冻地区的道路，应采用由中、粗颗粒组合构成的结构，以提高粗糙度。

5）扬尘和噪声

路面扬尘、吸声能力差，对乡镇环境卫生、居民健康不利。因此，路面类型及材料选择也应注意考虑少扬尘及噪声。一般以黑色沥青路面吸声能力较好，基本不扬尘。淡色的水泥混凝土路面基本不扬尘，但由于有节缝，吸声能力不及黑色沥青路面。砂石类路面扬尘大，原则上不宜作为乡镇交通主干道和商业大街。

2. 常用的路面材料及类型

组成面层的材料，可分为沥青混合料、水泥混凝土、粒料和块料四种类型。按面层所用材料的不同，可将路面分为沥青路面，水泥混凝土路面、粒料路面、块料路面和复合式路面五类。

（1）沥青面层

沥青混合料具有较好的使用品质，可用作高级铺面的面层。它们通常分为上、下两层。上面层起磨耗层的作用，它应具有良好的表面特性（抗滑、平整、低噪声），通常采用较细的集料、较多的沥青用量，混合料密实不透水，或者也可做成多孔隙排水性表面层。下面层称作联结层，起承重作用，可采用较粗的集料，在层厚超过 8cm 时，需分两层摊铺碾压，这时分别称此两层为中间层和下面层。沥青表面处理主要起封层和磨耗层的作用，用以改善铺面的行驶条件。

（2）水泥混凝土面层

分为普通水泥混凝土、钢筋混凝土和碾压混凝土等类型。这类面层具有强度高、刚度大、使用寿命长的特点，能承受较繁重的车辆荷载的作用。

（3）块料面层

由整齐或半整齐的石块、嵌锁式水泥混凝土模制块料或其他材料块料铺砌而成。面层下需铺设薄垫砂层，以调节砌块高度，形成块料间的嵌挤作用。这类面层可按不同图案和色彩铺筑，能承受较重的荷载。但表面平整度较差。

（4）复合式面层

由水泥混凝土做下面层，沥青混合料做上面层组成。这类面层综合了水泥混凝土强度高、寿命长和沥青混合料舒适性好、便于修补的长处，是一种经久耐用的优质面层。

（5）粒料面层

由各种碎石或砾石混合料组成，其顶面需铺设砂土磨耗层。这类面层只能承受中等或轻交通，属中级和低级铺面。

二、路面施工方法

目前农村公路中,水泥路面养护工作量较少,但初期建设工程造价高;沥青路面造价相对低,但耐久性较差。在这种情况下,降低水泥混凝土路面造价和提高沥青路面耐久性是农村公路路面研究的技术关键。

级配碎(砾)石路面和粒料加固土路面在农村公路中仍占很大的比重,在今后较长的时间内,这些类型路面仍将是农村公路改造升级的主要类型之一。

本节主要内容包括薄层水泥混凝土路面、贫乳化沥青稳定碎石基层沥青路面、级配碎(砾)石路面和粒料加固土路面,指导乡村公路路面的施工和养护。

1. 混凝土路面施工

薄层水泥混凝土路面是指路面板厚度在 8~12cm 之间的水泥混凝土路面,和普通水泥混凝土路面相比,具有造价低,维修方便的优点。

(1) 一般要求

薄层水泥混凝土路面的板厚一般为 8~12cm,板块平面为正方形、矩形,板面尺寸为 1~2m;薄层水泥混凝土路面适用于三级及三级以下农村公路,采用小型机具施工。

(2) 施工工艺

1) 测量放样应注意的事项

每隔 100~300m 增设临时水准点一个。根据已放出的中心线及路面边线,放出路面板的分块线。支立模板后,应把分块板线标至模板顶面,其位置应设明显的标记或刻线。

2) 准备专用机具

水泥混凝土路面的施工比较复杂,工序较多,对专用的几种机具需在施工前进行检查和维修并准备齐全。

3) 选择适当的搅拌场地和安装好搅拌设施

搅拌地点的选择应根据施工路线的长短和所采用的运输设备

来决定。施工路线较长时，可分设几个搅拌点。设置现场搅拌点，应选择进料方便，场地充足，水电容易接通，运输道路使用维修方便，运距经济的地方。

根据工程量的大小、工期、进度配备一台或多台强制搅拌机。搅拌现场周围主要是搅拌机工作范围，应开挖明沟，埋设临时出水管道等排水设施。

按照路基的设计标准检查路基的密实程度及基层是否平整，应无波浪、无坑槽、松散，且纵横坡应与设计要求一致。在旧沥青路面上加铺薄层水泥混凝土路面时，必须将原路面全部修理平整，使全部基层的承载力趋于一致。

（3）施工操作工艺

1）模板安装

浇筑水泥混凝土路面用的模板，可用钢模和木模。模板质量应符合表1-2的规定。为减小模板与混凝土的黏结，浇筑前应在模板上涂抹掺水柴油、废机油、肥皂水、石灰水等一层润滑剂，以利脱模。

模板质量标准　　　　表1-2

序号	项目	允许偏差（mm）		序号	项目	允许偏差（mm）	
		木模板	钢模板			木模板	钢模板
1	高度	±2	±2	5	模板表面最大	5	
2	长度		±5	6	局部变形	5	3
3	立柱间距	40		7	最大变形（中部）	10	4
4	接缝宽度	3					

检查校正模板安装尺寸、形状及中线边线的水平位置是否正确；安装的纵横塞条，钢筋是否符合设计的要求；板模的接缝是否紧密不漏。

2）混凝土拌和

混凝土应用机械拌和。对于材料的规格、质量应予以查验。水泥存放应上盖下垫，防雨、防潮，分类堆放。材料的配合比应严格遵照试验室的规定。各项材料用量的配料误差应不大于表1-3的要求。

水泥混凝土配料允许误差　　　　　　　　　　表1-3

材料名称	水泥	砂	石料	水
允许误差（%）	±1	±2	±3	±1

在常温下，搅拌时间不小于表1-4的时间。

水泥混凝土搅拌时间　　　　　　　　　　表1-4

搅拌机型号		转速（r/min）	搅拌所需时间（min）
自由式	J1—250	18	1
	J1—400	18	1.5
	J1—800	14	2
强制式	J1—375	38	1
	J1—1500	20	3

每日每班拌和机使用前和结束前，应向拌筒中加水，空转数分钟，将筒清洗干净，并将水全部倒出后，再开始正式进行拌和工作或结束拌和工作。

3）混凝土运送

在现场用拌和机拌制时，则可用手推车来运送。用量较少时可采用商品混凝土，由混凝土罐车运输到施工现场。用小型翻斗车运送混合料，周转装卸费时间较多，且运送中易于震动和倾倒，应细心推走，运距不宜太远。混凝土应在初凝前运抵摊铺地点，并有足够的摊铺、振捣和抹平时间，如表1-5。

4）混凝土的现场摊铺

水泥混凝土初凝时间　　　　　　表1-5

施工温度（℃）	20	15	10
初凝时间（min）	45	60	90

现场摊铺前应将基层顶面浮沉必须清扫干净，并洒水湿润。在摊铺施工时，因故停工，而又未铺完一整块混凝土板，若只停工半小时，可用湿麻布盖在混凝土表面，待恢复施工后，把此处混凝土耙松再继续摊铺。若停工时间过长可视当时温度和混凝土初凝时间作施工缝处理，废弃不能被振实的拌和物。但不得将不足一块板量的混凝土摊铺在模板内。

5）混凝土的捣实

混凝土摊铺后，应立即用平板振捣器进行初步的整平，并用刮板刮平。用平板振捣器由边至中、先纵后横一行一行振捣一遍，行与行之间的振捣应重叠15~20cm。振捣器应慢慢移动，同一位置停留在10s左右，以振出砂浆为宜，靠模板15cm以内的混凝土可用捣钎或棒式振捣器振捣，以不出现蜂窝为度。

6）抹平、拉槽刷毛

抹平是使板面更加结实、平整，可在终凝前用木、铁、塑料抹子分三次，来回进行揉压平整，去高填低，抹浆平整。抹平时，操作人员应在工作桥上进行操作，不准站在未初凝的板面上。

拉槽刷毛工作应在抹平后的板面上无波纹水迹时进行，以使板面有一定的粗糙度。拉槽刷毛可用钢丝刷、压毛辊沿横坡方向进行，显出深0.1~0.3cm的纹理，以保证行车安全。

7）混凝土路面的养护

为使混凝土路面在得到足够的强度前不过分收缩，应对路面进行良好的温度和湿度下的养护。一般采用以下方法养护：用厚度为2~5cm的砂、锯末、谷糠、麻袋、草席等盖于板面上，每天用没有压力洒水方法浇2~3次水，养生期一般为

14~21天。

8）拆除模板时间

拆除模板用力不要过猛过急，模板不应击敲和损伤路面，其顺序应先起下后模板支撑和铁钎，后拆模板。拆下的模板应有序堆放。混凝土成形后拆模的时间为平均气温在10~20℃时，最早拆除模板时间为48~24h。

9）混凝土路面的接缝

伸缩缝的作用能使板体在温度变化时自由伸长或缩短。缝宽为0.3~1.0cm，切缝法施工时为0.3~0.5cm，压缝法施工时为1cm。

切缝法采用水泥混凝土路面切缝机，在混凝土板整块浇捣达到一定强度时，按缩缝位置进行切割。切缝过晚，混凝土强度高，切割速度慢，砂轮损坏高；切缝过早，混凝土强度低；虽然切割较易，但质量不好。

压缝法通常用扁铁片或木板条制成，厚0.8~1cm、高1.5~2cm，长与混凝土板宽相同。在混凝土缩缝处先用振动切缝刀切出一条缝，压至规定的深度后，将振动切缝刀轻轻提出，然后将压缝板放入。

2. 贫乳化沥青稳定碎石基层沥青路面的施工

贫乳化沥青稳定碎石基层是用少量乳化沥青稳定碎石作为路面基层，适用于四级及四级以下农村公路，其上可以铺筑各种沥青混合料薄层面层，该基层也可作为沥青路面的联结层。

贫乳化沥青稳定碎石基层与石灰土基层相比，具有更好的耐久性，可以防止路面的反射裂缝；和级配碎石基层相比，由于乳化沥青的稳定作用，对碎石级配要求较低，质量更容易控制，稳定性也好。

（1）一般要求

乳化沥青稳定碎石基层厚度宜为4~8cm，其上可以铺筑各种沥青类型的薄层面层，厚度宜为1~4cm。铺筑贫乳化沥青稳定碎石基层前，新建公路土基上应铺筑二灰土或灰土底基层，改建公路原路面上应铺筑二灰土或灰土整平层。宜选择在干燥和较热的季节施工，并宜在雨季前及日最高温度低于15℃到来以前半个月结束，使路面通过开放交通碾压成型。避免雨季施工。

（2）贫乳化沥青稳定碎石基层

基层施工前，整平层必须清扫干净，应在安装路缘石或培路肩土以后施工基层。撒布主层集料，人工或人工配合机械撒布石料，撒布时应避免颗粒大小不均，并应检查松铺厚度。石料撒布后严禁车辆通行。主层集料撒布后应采用6~8t的钢筒式压路机进行初压、碾压速度宜为2km/h。碾压应自路边缘逐渐移向路中心，每次轮迹重叠约30cm，接着应从另一侧以同样方法压至路中心，以此为碾压一遍。然后检验路拱和纵向坡度，当不符合要求时，应调整找平再压，至集料无显著推移为止。

为防止乳化沥青下漏过多，可在主层集料碾压稳定后，先撒布一些嵌缝料，再浇洒主层乳化沥青。当气温偏低时洒布乳化沥青，需要加快破乳速度，可将乳化沥青加温后洒布，但温度不得超过60℃。

主层乳化沥青喷洒后，应立即用碎石撒布机或人工撒布均匀撒布嵌缝料，嵌缝料撒布后应立即扫匀，不足处应找补。嵌缝料应厚度一致，不重叠，撒布必须在乳液破乳前完成。嵌缝料扫匀后应立即用8~12t压路机碾压，随压随扫，使嵌缝料均匀嵌入。

（3）乳化沥青碎石面层

乳化沥青碎石混合料采用现场用人工拌制，在有条件时也可在拌和厂机械拌和。人工拌时应分堆备料，根据划线的摊铺面积所需矿料，用固定体积的手推车或料斗量方，将矿料堆放在路面（或拌和铁板）上，先干拌均匀，然后堆成槽形，堆底厚10cm以上。要求量方准确。

将润湿的矿料堆成槽形，向其中加入设计量的乳化沥青，迅速拌和。适宜的拌和时间应根据施工现场使用的矿料级配情况、

29

乳液裂解速度、施工时的气候等具体条件通过试拌确定，拌和不宜超过60s。

拌制的混合料用人工摊铺时，应防止混合料离析。乳化沥青碎石混合料的松铺系数可通过试验确定。乳化沥青碎石混合料的碾压，可按《公路沥青路面施工技术规范》（JTGF 40—2004）中热拌沥青混合料的规定进行，并应符合下列要求：

混合料摊铺后，应采用6~8t的轻型压路机初压，宜碾压1~2遍，使混合料初步稳定，再用轮胎压路机或轻型钢筒式压路机碾压1~2遍。初压时应匀速进退，不得在碾压路段上紧急制动或快速启动。当碾压时有粘轮现象时，可在碾轮上少量洒水。待晾晒一段时间，水分蒸发后，再用12~15t轮胎压路机或10~12t钢筒式压路机复压补充复压2~3遍至密实为止。当压实过程中有推移现象时应立即停止碾压，待稳定后再碾压。如当天不能完全压实，应在较高气温状态下补充碾压。碾压时发现局部混合料有松散或开裂时，应立即挖除并换补新料，整平后继续碾压密实。修补处应保证路面平整。上封层施工，上封层应在乳化沥青碎石混合料压实成型、路面中水分蒸发后加铺。

3. 级配碎（砾）石路面和粒料加固土路面的施工

级配碎（砾）石路面是由各种集料（碎石、砾石）和土，按最佳级配原理修筑而成的路面，由于级配碎（砾）石是用大小不同的材料按一定比例配合，逐级填充空隙，并借黏土黏结，经过压实后，能形成密实的结构，级配碎（砾）石路面的强度是由摩阻力和黏结力构成，具有一定的水稳性和力学强度。

粒料加固土路面也称粒料改善土路面，是用当地粗细颗粒的材料，如风化石屑（山坡土）、砂砾、矿渣、炉渣、软质石料或碎砖瓦等，与黏土掺和铺成的低级路面，一般情况下可维持晴雨通车。

（1）一般要求

级配碎（砾）石路面和粒料加固土路面的缺点是其固有的，不可能完全避免，但是在设计、施工和养护中采取一定的措施，可以有针对性地减少其缺陷。

1）不设磨耗层，仅做松散保护层

现阶段我国农村公路上的行人仍很多，防止雨天泥泞是主要问题。松散保护层一般采用粒径为2~5mm的粗砂、石屑，均匀撒在磨耗层上，厚度一般为5~15mm。松散保护层中不含黏土，雨天可以有效防止泥泞。因此本课题建议级配碎（砾）石路面和粒料加固土路面上设置松散保护层。

在交通量少的路段，可采用土路上直接做松散保护层的工艺，这时保护层的集料粒径可稍大，厚度应在3cm以上，并在逐年新撒料养护的基础上使路面厚度增加。

2）严格控制集料级配

级配碎石路面性能优于粒料加固土路面，主要原因是碎石有级配要求，良好的级配可以大大增加路面的强度和稳定性，延长路面的使用寿命。

3）施工中防止集料离析，保证压实度

施工中采取各种方法防止集料离析，以保证压实度。

4）加强综合排水措施

保证雨水及时排出路面范围是级配碎石路面和粒料加固土路面成败的关键。可以通过加大路拱横坡，及时清理路肩和边沟杂物来保证排水的畅通。

5）及时养护

级配碎石路面和粒料加固土路面养护简易，可以由当地农民实施，及时地养护可以保证路面良好的性能，成倍的延长使用寿命。

6）潮湿地区采用石灰或水泥稳定

在潮湿路段，采用掺石灰或水泥土处理，形成改性土，增加原有土体的强度和稳定性。掺入的石灰或水泥剂量为8%~12%的细料重量。

7）雨季控制交通

雨季大荷载交通可能使路面面目全非，因此雨季，特别是连阴雨季节，应该限制大吨位车辆通行。

（2）施工工艺

1）级配碎（砾）石路面

① 铺料

铺石料。将备好的一定数量的石料摊铺在路槽中部，两边距离路面边缘各0.5~1m，厚度大致均匀即可，当石料干燥时可先洒水湿润。

铺黏土。将定量的黏土均匀撒铺在石料上。

铺砂。将砂均匀地撒铺在黏土上。

铺料时要随时注意松铺厚度。

② 拌和

用犁拌法作业长度以300~500m为宜。一般采用拖拉机牵引多铧犁拌和。拌和时第一遍从路的边缘开始，第一犁往内翻，第二犁在原来的位置往外翻，逐次移向中线。犁完后在中线处留下一条犁沟。第二遍拌和时从中央开始向内翻，逐次移向路边，犁完后两侧各留犁沟一道。这样干拌两遍，洒水湿拌两遍，反复拌和4~6遍即可达到需要的均匀度。

人工拌和先干拌两次，然后堆成长堆，长堆顶每米挖一条小沟，注入清水闷料一天后再湿拌两遍可达到需要的均匀度。

③ 整平

用平地机或刮板按松铺厚度整成路拱或超高斜面。松铺厚度一般为压实厚度的1.3~1.5倍。

④ 碾压

用6~8吨压路机碾压两遍。重叠轮宽1/3~1/4，碾压速度25~30m/min。再用10~12t压路机碾压6~8遍。重叠后轮1/2，碾压速度30~50m/min。

碾压在最佳含水量条件下进行效果最好。最佳含水量可通过试验确定，也可用经验法（一般为5%~9%），即将混合料用手捏成团，从1m高度自然落到地上能松散，此时接近最佳含水量。

2）粒料加固土路面

粒料规格和混合料配合比及压实系数可参考表1-6。

粒料加固土的材料规格及配合比　　　表1-6

材料名称	规格	配比（%）（质量比）	混合料塑性指数	采用厚度（cm）	压实系数
粗砂	大于1mm的含量应在50%以上	砂60~70 土30~40	8~10	10~15	1.35
砾石	最大粒径应不大于60mm	砾石55~60 砂25~30 黏土10~20	7~10	6~8	1.35
碎石	最大粒径应不大于40mm，风化石最大粒径应不超过60mm，大于2mm含量应不小于40%	碎石55~60 砂25~30 黏土10~20	7~10	6~8	1.35
礓石	最大粒径应不大于60mm，片状、条状要先打碎	礓石70~80 黏土20~30		8~12	1.4~1.5
煤渣	最大粒径不宜超过50mm，大于5mm颗粒含量应小于60%，小于2mm颗粒含量不得超过25%	煤渣60~70 黏土30~40	8~10，黏土塑性指数宜高于15	10~15	1.55
碎砖、瓦砾	最大粒径应不超过70mm	碎石瓦70~80 黏土20~30	黏土塑性指数宜高于12	10~15	1.5

粒料加固土的施工方法可采用拌和法，也可采用层铺法。拌和法质量较好，因此多采用。拌和法又分人工拌和与机械拌和，施工程序和工艺可参照级配碎（砾）石路面。

3）松散保护层

① 在铺设松散保护层前，应先将路表面的浮土清除，并洒水润湿。

② 均匀撒布松散保护层材料，并用轻型压路机稳压。

常见路面结构见图1-4～图1-7。

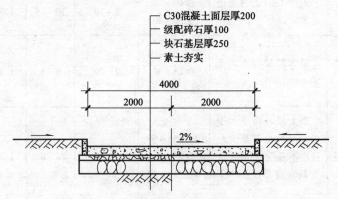

图1-4 道路断面图（单位：mm）

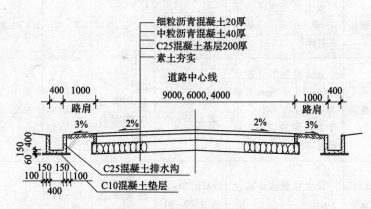

图1-5 沥青混凝土道路构造断面图（单位：mm）

（路面宽度9 000，6 000，4 000）

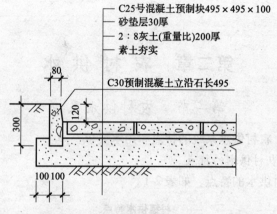

图1-6 混凝土预制块道路（单位：mm）

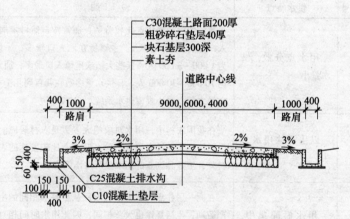

图1-7 混凝土道路构造断面图（单位：mm）

（路面宽度9 000，6 000，4 000）

第二章 农村供水

第一节 农村供水系统

一、农村供水系统的特点和用水要求

1. 农村供水的特点

农村供水的特点,如表2-1。

村镇供水特点　　　　　　　　表2-1

序号	供水特点	说明
1	用水点分散,供水量小	我国农村的居住点比较分散,通常按自然村集居,人口多为200~800人。乡镇所在地人口较多,一般为1 000~3 000人。某些大镇或重镇人口最多,通常达10 000~30 000人。日供水量多数在几百到几千立方米之间,属小规模供水系统
2	以生活饮用水为主	在我国农村中,用水对象绝大多数是农村居民的生活饮用水和牲畜用水。除乡镇企业比较发达的农村外,工业和副业的用水量所占比例较小
3	用水时间集中,供水安全性要求较低	在同一居住点上,大多数农民从事基本相同的生产劳动,生活规律也大致相同,因此用水时间相对集中在每天的早、中、晚,其他时间用水量很小时变化系数达3~4。因此,短时间停水不会造成重大损失
4	净水厂规模小,可采用间歇式运行	由于日供水量少而集中,净水厂可采用间歇式运行,通过供水系统中的调节构筑物进行水量调节

2. 农村用水要求

农村用水要求,如表2-2。

农村用水要求　　　　　　　　　　表 2-2

序号	项目	说明
1	农村居民生活用水	包括农村居民生活饮用、烹饪、洗涤和清洁卫生等用水
2	牲畜用水	指农家饲养的大牲畜（牛、马、驴和骡）和小牲畜（猪、羊）的饮用水和清洁用水以及家禽饲养用水
3	农村企业用水	指农村企业生产过程中的工艺用水、锅炉蒸汽用水、洗涤用水、企业内部职工生活和淋浴用水
4	庭院和田园用水	一般不考虑这部分用水。但对于某些缺水地区，则应考虑干旱季节时的育苗和播种用水
5	消防用水	一般不单独考虑消防用水。但对某些重镇则应考虑消防对用水的要求
6	其他用水	包括旅游用水、绿化用水、市政用水、管道系统漏失水和净水厂自用水等

二、农村供水系统的组成

农村供水系统的组成，如表 2-3 和图 2-1、图 2-2 所示。

农村供水系统的组成　　　　　　　表 2-3

序号	项目	说明
1	取水构筑物	自地下水源或地表水取水的构筑物
2	输水管渠	将取水构筑物集取的原水输送到水质净化或调节构筑物的管渠设施
3	水质净化构筑物	对原水进行净化处理，以达到农村用户对水质要求的各种构筑物，包括消毒设施
4	调节构筑物	起贮存和调节水量的作用，某些情况下还起保持水压作用的构筑物
5	加压泵站	增大水压，以满足输水、配水对水压要求的设施
6	配水管网	将合格的水送到农村各用户的管道系统及其附属设施

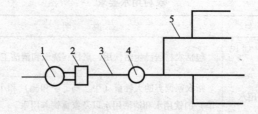

图 2-1　地下水源供水系统
1—井；2—泵房；3—输水管线；4—水塔或高位水池；5—配水管网

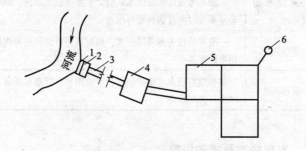

图 2-2　地表水源供水系统
1—取水口；2—取水泵房；3—输水管；4—净水厂；5—配水管网；6—水塔

三、农村供水系统的类型

1. 农村供水系统的类型

农村供水系统的类型，如表 2-4。

农村供水系统类型　　　　表 2-4

序号	类型	说　　明	备注
1	连片式供水系统	采用一个供水系统同时供给多个村庄用水的系统。该系统管理集中，供水安全，单位水量的基建投资和制水成本都较低，是农村供水的首选系统。适用于居住点比较集中，又有可靠水源的地区	图 2-3

续表

序号	类型	说　　明	备注
2	分散式供水系统	各个行政村、镇各自兴建独立的供水系统。此种系统设施简单、规模小、投资省、施工工期短、见效快，很受农民的欢迎。但因设备利用率低、管理分散、供水安全性较差，单位水量的基建投资和制水成本较高。适用于居住点分散、水源缺乏地区	
3	分压式供水系统	当采用同一供水系统向地形高差较大的不同村庄供水时，宜采用该系统，以降低电耗和制水成本	图2-4
4	灌溉与生活用水联合系统	对已有永久性灌溉系统的农村，当其水质基本符合饮用水水源水质的要求时，可采用此种系统。即利用原有的取水构筑物和泵站，配以必要的加压、净水和输配水设施，对农村生活供水。当采用同一水源进行灌溉和生活供水时，其取水构筑物和泵站可合建	
5	自流式供水系统	某些山区有丰富的泉水资源，且山泉的地形位置较高，可重力引水入村。此系统简单、水质好，一般无需净化，消毒后即可直接饮用	
6	贮水式供水系统	某些山区和半山区主要以季节性山泉、山溪小河和雨水为水源，天旱时，山泉、山溪干枯，缺水达半年以上。对此类农村，可采用"水窖"贮水。在雨季时贮水，供来年春旱使用。不仅可以解决干旱时的生活用水，而且也可以解决育苗和播种用水	

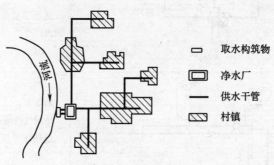

图2-3　连片式供水系统

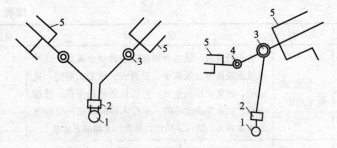

图 2-4 分压式供水系统

1—水源井；2—泵房；3—高区贮水池；4—低区贮水池；5—配水管网

2. 几种典型的供水系统流程

常用的供水系统流程，如表 2-5。

常用供水系统流程　　　　表 2-5

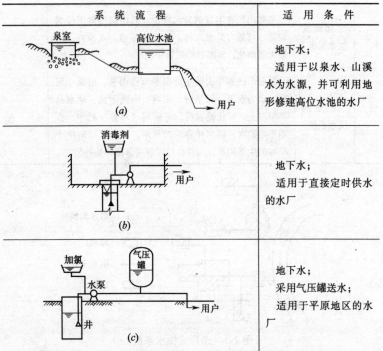

续表

系统流程	适用条件
(d) 加氯 → 深井泵 → 水塔 → 去用户	地下水； 采用水塔供水； 适用于水源较近地区的水厂
(e) 深井泵 → 加氯 → 清水池 → 二级泵 → 水塔 → 去用户	地下水； 采用水塔供水； 适用于水源较远地区的水厂
(f) 取水头部 → 一级泵 → 加氯 加矾 → 快滤池 → 清水池 → 二级泵 → 水塔 → 去用户	地表水； 重力式、直接过滤； 适用于原水浊度经常在20度以下，洪汛时不超过100~200度的水厂
(g) 取水头部 → 水泵站 → 加氯 加矾 → 压力滤器 → 水塔 → 去用户	地表水； 压力式直接过滤； 适用于原水浊度经常在20度以下，洪汛时不超过100~200度的水厂
(h) 取水头部 → 一级泵站 → 加氯 加矾 → 沉淀或澄清池 → 滤池 → 清水池 → 二级泵站 → 水塔 → 去用户	地表水； 重力式沉淀过滤； 适用于各种规模、各种条件的水厂

续表

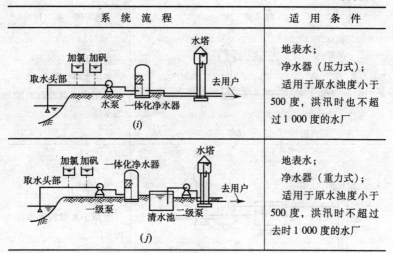

系统流程	适用条件
(i)	地表水； 净水器（压力式）； 适用于原水浊度小于500度，洪汛时也不超过1 000度的水厂
(j)	地表水； 净水器（重力式）； 适用于原水浊度小于500度，洪汛时不超过去时1 000度的水厂

第二节 水源、水质和用水量

一、水源

1. 水源的种类和特点

水源的种类和特点，如表2-6。

水源的种类及特点　　　　　　表2-6

种类		主要特点
地表水	江河水	1. 水量和水质受季节与降水的影响较大 2. 浊度较湖泊、水库水高，但含盐量和硬度较低 3. 易受工业废水、生活污水、农药等污染
	湖泊水 水库水	1. 水量、水质受季节与降水的影响一般比江河水要小 2. 浊度一般较江河水低，含盐量较江河水高 3. 水中藻类及浮游生物在春秋季繁殖较快，且有时引起臭味
	塘坝水	1. 受污染机会多，细菌含量大 2. 有时会出现臭味或水生物

续表

种类		主要特点
地下水	上层滞水	1. 离地面较近,滞蓄于局部隔水层以上的水,分布范围较小 2. 水质变化较大,易受污染
	潜水	1. 埋藏于地面以下第一个连续分布隔水层之上,直接与大气相通 2. 水位受大气降水与季节的影响较大,雨季水位上升,旱季水位下降 3. 与上层滞水比较,浊度低、细菌含量少,但硬度较高
	承压水	1. 存在于两个隔水层之间,外界影响小 2. 水量、水质较稳定,且不易受污染 3. 与潜水比较,一般水质更好
雨水		

2. 农村水源的特点

(1) 农村的水源类型和取水方式较多。农村人口规模小,一般只有百人到千人,有的集镇也不过几千人到近万人。农村的日供水量为几十方(m^3)到近万方,比城市的供水规模要小得多。一般采取就近、分散的取水方式。水源类型也较复杂,既有以江河、湖泊(水库)水、滨海水和雨水(窖水)作为水源的,也有以一般地下水和特殊水质的地下水(如高氟水、苦咸水或含铁水)作为水源的,而且取水方式灵活多样。这些,构成了农村供水与净水工艺的多样性。

(2) 水源水质的差异较大。由于农村供水水源类型多,致使其水质的种类也多,且变化较大。

1) 山区、丘陵地带的水源以泉水和山溪河水为主。一般情况下,水源浊度较低且细菌含量较少,水质良好。但洪水季节山溪河水含砂量较大,且浊度较高、漂浮物较多。泉水一般无需处理。

2) 江、河、湖水网地带的农村,常以江河、湖泊水作为饮用水水源。由于水质随水体流量的变化而变化,易受周围环境的影响,且细菌含量较高。这类水源水一般均需经过常规净化处理、消毒后方可作为饮用水。

3)取用承压地下水作为农村供水水源时,其水质较江、河、湖泊水要好。直接受污染的机会少,浊度低且细菌含量较少。这类地下水一般只需消毒后即可作为饮用水,它是农村供水工程优先选择的水源。

4)在某些地区的农村地下水水源中,有的是高氟水、苦咸水等,这些水源与农村的一些地方病有着密切的关系。还有一些农村以含铁、锰的地下水为水源,这反映出我国部分农村水源急需处理的特点。

(3)水资源分布极不均衡。东南沿海地区,降水量充足,年平均降雨量大于 2 000 ~ 3 000mm,在这些地区的农村,水源水量充沛;但在西北地区,年平均降雨量仅为几十毫米,且干旱季节长,江河常年干涸,水资源枯竭。有些农村以窖水为饮用水源,保证必要的供水量是十分困难的。

3. 水源选择应考虑的因素

(1)水质良好

1)原水要有良好的感官性状。

2)原水中的化学指标,特别是毒理学指标应符合《生活饮用水卫生标准》。这是因为一般水厂的净化工艺对于去除有毒物质的效果不理想的缘故。

3)只经加氯消毒即供生活饮用的原水,大肠菌群平均每升不超过 1 000 个;经过净化处理和加氯消毒后作生活饮用水的原水,大肠菌群平均每升不超过 10 000 个。

4)其他水质指标,经常规净化与消毒后,也应符合《生活饮用水卫生标准》。

5)若受条件限制,水源不能满足上述要求时,应征得卫生主管部门的同意,慎重选用原水水质较为接近生活饮用水水质要求的水源,并应根据超过标准的程度,会同卫生部门共同研究提出相应的处理方法。

(2) 水量充沛可靠

水源水量要充沛可靠,既要满足目前需要,又要满足未来发展的要求。不仅在丰水期,即使在枯水期也能满足水量要求。为此,在选择水源时,必须对水源的水文和水文地质情况、丰枯变化情况进行认真调查,收集资料,综合分析。对于地表水源,应了解河流的最高洪水位、最低枯水位、河流的年平均流量、丰水期最大流量、枯水期最小流量等,对于湖泊、水库主要是了解丰、枯期的水位和可供水量等。对于地下水源,应了解地下水埋藏深度、含水层厚度、补给区面积大小、地下水在各种水文年的贮量等。

(3) 合理规划利用水资源

水资源日趋紧张。在农村,除生活饮用外,农田灌溉、渔业、畜牧业、家庭工副业等均需用水,有的用水量还很大。因此,应统一规划水资源,合理利用地表水、地下水,以防止过量开采地下水,导致环境地质问题。

(4) 水源卫生条件好

选择水源时,应首先着眼于原水水质的好坏,以便于卫生防护;而不应依赖于净化处理,因为常规处理对去除某些化学成分效果不理想。从防止人为地造成水源污染的角度出发,在乡村规划布局时,就应选定卫生条件好的水源,并认真做好卫生防护工作。一般讲,水源的取水点,按水流流向应选在乡村的上游为宜。

(5) 技术上可行,经济上合理

水源选定时,应使取水、净化、输水构筑物投资省,技术可行,运行管理方便,制水成本低,供水安全可靠。当有两个以上水源可供选择时,应通过技术经济比较选定。一般情况下,符合卫生要求的地下水,应优先作为生活饮用水源。

4. 水源的卫生防护

(1) 地表水水源的卫生防护

1）取水构筑物及其附近的卫生防护

在取水点周围半径不小于 100m 的水域内，不得停靠船只、游泳、捕捞和从事一切可能污染水域的活动，并应设有明显的范围标志。

2）取水点上下游的卫生防护

河流取水点上游 1 000m 至下游 1 000m 的水域内，不得排入工业废水和生活污水，距离应视河流水量与排污水量、浓度情况，以最终不影响生活饮用水标准而定；其沿岸防护范围内，不得堆放废渣、设置有害化学物品的仓库或堆栈、设立装卸垃圾、粪便和有毒物品的码头；在此范围内的沿岸农田不得使用工业废水或生活污水灌溉及使用有持久性或剧毒的农药，并不应从事放牧。

3）水库、湖泊等水源的卫生防护

供生活饮用水的专用水库和湖泊，应视具体情况将整个水库、湖泊及其沿岸列入防护范围，并按上述要求执行。

受潮汐影响的河流取水点上下游的防护范围，湖泊、水库水取水点两侧的范围，沿岸防护范围的宽度，应根据地形、水文、卫生状况等具体情况确定。

4）水厂构筑物的卫生防护

在水厂生产区或单独设立的泵房、沉淀池和清水池外围小于 10m 的范围内，不得设立生活居住区和修建禽畜饲养场、渗水厕所、渗水坑；不得堆放垃圾、粪便、废渣或铺设污水渠道。保持良好的卫生状况并注意充分绿化。

5）防护带以外的有关问题

对于水源卫生防护地带以外的周围地区，应经常了解农村工业废水和生活污水排放、灌溉农田等情况，传染病发区和事故污染等情况，如发现有可能污染水源时，应及时采取必要的防护措施。

（2）地下水水源防护

1）取水构筑物的卫生防护

取水构筑物的卫生防护范围，主要取决于水文地质条件、取水构筑物的类型和附近地区的卫生状况。如覆盖层较厚，附近卫生状况较好时，防护范围可以适当减小。一般在生产外围小于10m的范围内不得设立生活居住区、禽畜饲养场、渗水厕所、渗水坑；不得堆放垃圾、粪便、废渣或铺设污水管道，应保持良好的卫生状况，并充分绿化。

2）防止取水构筑物周围含水层的污染

在单井或井群的影响半径范围内不得使用工业废水或生活污水灌溉和施用有持久性或剧毒的农药，不得修建渗水厕所、渗水坑、堆放废渣或铺设污水管道，并不得从事破坏深层土层的活动。如果含水层在水井影响半径范围内不露出地面或含水层与地面没有互补关系时，含水层不易受到污染，其防护范围可以适当减小。

井的影响半径与水文地质条件和抽水量的大小有关，一般情况下，粉砂含水层的影响半径为25～30m，砾砂含水层的影响半径为400～500mm。

3）分散式水源的卫生防护

地下水分散式水源，在其水井周围20～30m的范围内，不得设置渗水厕所、渗水坑、粪坑、垃圾堆和废渣堆等污染源，并应建立必要的卫生制度。如规定不得在井台上洗菜、洗衣服、喂牲畜，严禁向井内扔东西等。采取将井口加高、加井盖、设置专用提水桶、定期掏挖淤泥、消毒等措施。

二、水质与水质标准

1. 天然水中的杂质

根据水中杂质的存在形态和基本颗粒尺寸，可将水中杂质分为溶解物、胶体颗粒和悬浮物三大类。其颗粒大小及主要特征见表2-7。

2. 生活饮用水水质标准

农村给水主要是供生活饮用，其水质必须符合现行的国家

《生活饮用水卫生标准》(GB 5749—2006)规定。这一标准包括水质常规指标、水质非常规指标和消毒剂常规指标及要求。水质常规指标及限值,如表 2-8。饮用水中消毒剂常规指标及要求,如表 2-9。小型集中式供水和分散式供水部分水质指标及限值,如表 2-10。

水中杂质分类及特点　　　　　　　　　　表 2-7

分类	溶解物	胶体颗粒	悬浮物
颗粒尺寸（单位）	0.1（nm）　　1（nm）	10（nm）　　100（nm）	1（μm）　10（μm）　100（μm）　1（mm）
外观特征	透明	光照下浑浊	浑浊　　肉眼可见
形态特点	一般以分子或离子状态均匀地分散于水中	1. 在水中相对稳定,即使静置较长时间也不会自然沉淀 2. 这类胶体属于黏土、硅酸胶体和其他不溶性物质等	1. 一般在动水中悬浮,静水中可分离出来 2. 大部分构成水的浊度,少部分形成水的色度和臭味 3. 有导致人体疾病的病原菌

水质常规指标及限值　　　　　　　　　　表 2-8

指　标	限　值
1. 微生物指标[a]	
总大肠菌群/（MPN/100mL 或 CFU/100Ml）	不得检出
耐热大肠菌群/（MPN/100Ml 或 CFU/100Ml）	不得检出
大肠埃希氏菌群/（MPN/100mL 或 CFU/100Ml）	不得检出
菌落总数/（CFU/Ml）	100
2. 毒理指标	
砷（mg/L）	0.01
镉（mg/L）	0.005
铬（六价）（mg/L）	0.05
铅（mg/L）	0.01

续表

指　　标	限　　值
汞（mg/L）	0.001
硒（mg/L）	0.01
氰化物（mg/L）	0.05
氟化物（mg/L）	1.0
硝酸盐（以 N 计）（mg/L）	10；地下水源限制时为 20
三氯甲烷（mg/L）	0.06
四氯化碳（mg/L）	0.002
溴酸盐（使用臭氧时）（mg/L）	0.01
甲醛（使用臭氧时）（mg/L）	0.9
亚氯酸盐（使用二氧化氯消毒时）（mg/L）	0.7
氯酸盐（使用复合二氧化氯消毒时）（mg/L）	0.7
3. 感官性状和一般化学指标	
色度（铂钴色度单位）	15
浑浊度（散射浑浊度）/NTU	1；水源与净水技术条件限制时为 3
臭和味	无异臭、异味
肉眼可见物	无
pH	不小于 6.5 且不大于 8.5
铝（mg/L）	0.2
铁（mg/L）	0.3
锰（mg/L）	0.1
铜（mg/L）	1.0
锌（mg/L）	1.0
氯化物（mg/L）	250
硫酸盐（mg/L）	250
溶解性总固体（mg/L）	1 000
总硬度（以 $CaCO_3$ 计）（mg/L）	450
耗氧量（COD_{Mn} 法，以 O_2 计）（mg/L）	3；水源限制，原水耗氧量大于 6mg/L 时为 5

续表

指　　标	限　　值
挥发酚类（以苯酚计）（mg/L）	0.002
阴离子合成洗涤剂（mg/L）	0.3
4. 放射性指标	
总 α 放射性（Bq/L）	0.5
总 β 放射性（Bq/L）	1

注：a. MPN 表示最可能数；CFU 表示菌落形成单位。当水样检出总大肠菌群时，应进一步检验大肠埃希氏菌或耐热大肠菌群；水样未检出总大肠菌群，不必检验大肠埃希氏菌或耐热大肠菌群。

b. 放射性指标超过指导值，应进行核素分析和评价，判定能否饮用。

饮用水中消毒剂常规指标及要求　　　表 2-9

消毒剂名称	与水接触时间	出厂水中限值（mg/L）	出厂水中余氯（mg/L）	管网末梢水中余氯（mg/L）
氯气及游离氯制剂（游离氯）	≥30min	4	≥0.3	≥0.05
一氯胺（总氯）	≥120min	3	≥0.5	≥0.05
臭氧（O_3）	≥12min	0.3	—	0.02；如加氯，总氯不小于 0.05
二氧化氯（ClO_2）	≥30min	0.8	≥0.1	≥0.02

小型集中式供水和分散式供水部分水质指标及限值　　表 2-10

指　　标	限　　值
1. 微生物指标	
菌落总数（CFU/mL）	500
2. 毒理指标	
砷（mg/L）	0.05
氟化物（mg/L）	1.2
硝酸盐（以 N 计）（mg/L）	20

续表

指　　　标	限　　值
3. 感官性状和一般化学指标	
色度（铂钴色度单位）	20
浑浊度（散射浑浊度单位）/NTU	3；水源与净水技术条件限制时为5
pH	不小于6.5且不大于9.5
溶解性总固体（mg/L）	1 500
总硬度（以 $CaCO_3$ 计）（mg/L）	550
耗氧量（COD_{Mn}法，以 O_2 计）（mg/L）	5
铁（mg/L）	0.5
锰（mg/L）	0.3
氯化物（mg/L）	300
硫酸盐（mg/L）	300

3. 水质监测

建设自来水厂之前，必须先对水源水质进行分析，以确定水源水质是否符合卫生要求。水厂运行后，也须经常对水质进行监测，以确保安全供水。水质检测的项目和方法，应在给水系统规划设计时就做出具体规定，以进行仪器购置和人力安排。

目前，农村自来水厂的水质分析一般将确定混浊度和游离性余氯列为日常必测项目。今后视发展情况和经济技术条件，将逐步增加监测项目。卫生防疫部门应定期抽检农村自来水厂的出厂水样，以监控农村自来水厂的运行，确保供水水质标准。

三、设计用水量

1. 影响设计用水量的因素

合理地确定设计用水量是农村供水工程设计的一个十分重要的问题。它直接影响整个工程的投资、制水成本及工程的经济、社会效益。设计用水量的大小，主要取决于供水范围的大小、规划年限的长短、用水人口及乡镇企业的多少和用水量定额。

（1）供水范围

设计用水量与确定的供水范围成正比关系。以往较多的是以自然村作为一个独立的供水系统。随着经济的发展，也可将彼此毗邻的一些自然村联合起来，建成联片的给水系统。

由于各地的自然条件、人口分布以及农村规划不统一，具体采用哪种给水系统，应以经济、技术和管理等方面的比较、论证为依据来确定。

（2）设计年限

设计年限是指工程建成投产后所能满足设计用水要求的年数。设计年限应根据设备的寿命、农村经济发展速度、农村规划等因素综合考虑确定。目前一般可按 10～20 年计算。对于供水范围小、经济水平较低、供水设备较为简单的供水工程，设计年限可取下限；对于供水范围较大、经济条件好、供水系统较为复杂的供水工程，设计年限可取上限。

（3）用水人口

用水人口是指设计年限内的规划用水人口。一般以规划时现有人口为基数，按计划生育规划来推算用水人口，其计算公式如下：

$$P = P_0(1 + a)^n \qquad (2\text{-}1)$$

式中　P——设计年限末的用水人口总数；

　　　P_0——设计时现有人口数；

　　　a——人口的年自然增长率，取 12‰；

　　　n——设计年限。

2. 用水量定额

所谓用水量定额就是指不同性质的用水系统，所给定的单位耗水量标准。如每人每日需耗多少水量［升／（人·天）］；每生产一件产品需消耗多少水量［升／（件·产品）］等。

（1）农村居民生活用水量定额

我国地域辽阔，各地自然环境和经济条件差异较大，影响用水量的因素较多，再加上各地水费征收办法和生活习惯不一，造成了用水量定额的较大差别。同时，农村供水中的各种用水标准，尚缺乏详尽的调查，很难定出一个统一的、适合各地的用水量标准。设计时可参考《室外给水设计规范》（GB 50013—2006）中关于居民生活用水定额的有关规定。此外，中国预防医学中心卫生研究所在调查研究的基础上，提出了农村居民生活用水定额的建议值（表2-11），也可在供水工程设计中参考。

农村居民生活用水定额（建议值）　　　　表2-11

气候分区	供水条件	给水卫生设备类型及最高日生活用水定额（升/人·天）		
		集中给水龙头	龙头安装到户	
			无洗涤池	有洗涤池或有洗涤池及沐浴设备
Ⅰ	计量收费供水	20~35	30~40	—
Ⅱ		20~35	30~40	40~70
Ⅲ		30~50	40~60	60~100
Ⅳ		30~50	40~60	70~120
Ⅴ		25~45	35~55	60~90
Ⅰ	免费供水		40~60	80~100
Ⅱ			50~70	90~140
Ⅲ			60~80	100~180
Ⅳ			70~85	100~180
Ⅴ			50~70	90~140

注：1. 龙头安装到户无洗涤池者，系指安装在室内或安装在室外，不在龙头下任意淋洗者。如排水方便，允许在龙头下自由淋洗者，其用水量标准，可按有洗涤池的标准考虑。

2. 免费供水条件下，公用龙头供应户数不大于5户时，可按上条说明的龙头到户的相应使用情况考虑。

3. 水网地区或地面水质良好、使用方便的其他地区，设计时宜采用低值；缺乏良好的地面水体或生活水平较高的地区，宜采用高值。

4. 免费定时供水时，可采用相应给水卫生设备的低值。

5. 本表所列用水量包括农家散养的猪、羊、禽类的饮用水量。但不包括大牲畜及集体和专业户饲养的猪、禽用水量。

6. 用自来水浇洒庭院时，每人每日的用水量标准应分别增加到80~90L（Ⅰ分区）和190~210L（Ⅱ分区）。

7. 气候分区可按《室外给水设计规范》（GB 50013—2006）比照确定。

(2) 农村企业用水量

农村企业的用水量标准，应根据生产性质、生产规模、生产工艺和管理水平等因素确定，各地差异较大。生产用水量标准有几种计算方法：按单位产品计算，或按每台设备每天用水量计算。生产用水量通常由乡镇企业的工艺部门提供数据，缺乏资料时，也可参照同类型企业的技术经济指标确定。表2-12所列数据可供参考。

农村企业生产用水量定额　　　　　表2-12

企业种类	单位	需水量（m^3）	企业种类	单位	需水量（m^3）
水　泥	吨	1.5~3.0	屠宰（猪）	头	1.0~2.0
造　纸	吨	500~800	豆制品加工	吨	5~15
化　肥	吨	2.0~5.5	酿　酒	吨	20~50
制　砖	千块	0.7~1.2	制　糖	吨	15~30
缫　丝	吨	900~1 500	酱　油	吨	4~5
塑料制品	吨	100~220	制植物油	吨	7~10
棉布印染	万m	200~300			

(3) 牲畜用水量

农村供水系统的设计，必须考虑牲畜和家禽的用水量。一般应在实地调查的基础上，提出各种禽畜的用水量标准。当无资料时，可以表2-13中的数值为参考。

牲畜家禽用水量定额　　　　　表2-13

种类	用水量 [升/（头、只·天）]	种类	用水量 [升/（头、只·天）]
马	40~50	母猪	60~9
驴	40~50	育肥猪	20~30
骡	40~50	羊	10
乳牛	70~120	鸡	0.5
育成牛	50~60	鸭	1

(4) 庭院（田园）用水量

农村住户的庭院内多数种植蔬菜、水果或花卉，其用水量通常已包括在生活用水量内，不另作规定。但当采用饮灌两用机井时应计算在内。据调查，庭院（田园）用水量一般为当地生活用水量的 2~3 倍。

（5）消防用水量

从目前情况看，农村供水一般不单独考虑消防用水。在配水管网设计时，设置适当数量的消火栓，一旦发生火灾时，一方面加大水厂出水量，另一方面减少其他用户的用水量，以满足消防用水的要求。

上述 5 项用水量之和，即为最高日用水量。此外，水厂最高日供水量还需计入管网漏失水量和未预见水量 2 项。管网漏失水量，根据管网的长短及材质等因素确定，一般按最高日用水量的 5%~10% 计算；未预见水量一般可按最高日用水量的 10%~20% 计算。

另外，在设计水厂取水构筑物和净化设备时，还应包括水厂自用水量，一般取最高日用水量的 5%~10% 计算。

3. 时变化系数

（1）用水量变化及时变化系数

无论是生活用水还是生产用水，用水量都不是一个恒定不变的数值，它逐日、逐时都在变化着。设计农村供水工程时，必须满足这一变化的要求。一年中用水最多一天的水量，称为最高日用水量；在最高日用水量中某一个小时的用水量达到最大，称之为最高日最高时用水量。最高日用水量与平均日用水量之比称为日变化系数 K_d，最高日最高时用水量与最高日平均时用水量之比称为时变化系数 K_h。

（2）时变化系数的选用

设计农村供水工程时，主要考虑时变化系数。时变化系数与用水人口数、乡镇企业多少及供水方式等有关。

通过一些实际用水情况分析，时变化系数的大小，有如下变化规律：

1）供水时间越短，K_h 越大。

2）当两水厂规模相同时，定时供水的 K_h 大于全日供水的 K_h。

根据上述 K_h 的变化规律及有关调查资料,全日供水的农村水厂 K_h 可选为 2~4;定时供水的农村水厂 K_h 可选为 3~5。具体可参考表 2-14。

3)K_h 与用水人口成反比。用水人口越多,则 K_h 越小;用水人口越少,则 K_h 越大。

4)K_h 与农村企业多少成反比。农村企业越多,则 K_h 越小;农村企业越少,则 K_h 越大。

农村供水 K_h 建议值　　　　表 2-14

供水方式	用水人口数(人)			
	<500	500~1000	1000~3000	>3000
全日供水	3.7~2.7	3.0~2.0	2.5~1.8	2.0~1.6
定时供水($t \geq 8h$)	5.0~3.8	3.8~3.2	3.8~3.2	—

注:1. 用自来水浇洒庭院时,水厂设计 K_h 的数值宜采用相应技术参数的高值。
　　2. 工商企业较集中的农村,宜采用相应人数的低值。

4. 设计用水量的计算

(1)生活用水量

1)当采用最高日生活用水量定额作为计算依据时,计算公式为:

$$Q_1 = \frac{P \cdot q}{1\,000} \tag{2-2}$$

式中　Q_1——最高日生活用水量(m^3/天);

　　　P——设计年限内的规划人口数(人);

　　　q——最高日生活用水量定额[升/(人·天)]。

2)当采用平均日生活用水量定额为计算依据时,计算公式为:

$$Q_1 = \frac{P \cdot q' \cdot K_d}{1\,000} \tag{2-3}$$

式中　q'——平均日生活用水量标准[升/(人·天)];

　　　K_d——日变化系数。

(2) 农村企业用水量

计算公式为：
$$Q_2 = (q_a + q_b + \cdots + q_n) \tag{2-4}$$

式中　　Q_2——乡村企业最高日用水量（m³/天）；

$q_a, q_b, \cdots q_n$——各个乡镇企业最高日用水量（m³/天）。

(3) 牲畜用水量

计算公式为：
$$Q_3 = (q_1 n_1 + q_2 n_2 + \cdots + q_n n_n)/1\,000 \tag{2-5}$$

式中　　Q_3——最高日牲畜用水量（m³/天）；

$q_1, q_2, \cdots q_n$——各种不同牲畜的用水量标准[升/(头、只·天)]；

$n_1, n_2, \cdots n_n$——各种不同牲畜的数量（头或只）。

(4) 未预见水量

当不考虑庭院及消防用水时，未预见水量可按最高日生活用水量、牲畜用水量及乡镇企业用水量之和的10%~20%计算。计算公式为：
$$Q_4 = (Q_1 + Q_2 + Q_3) \times (10\% \sim 20\%) \tag{2-6}$$

式中　Q_4——未预见水量（m³/天）。

(5) 管网漏失水量

不考虑庭院及消防用水时，管网漏失水量可按最高日生活用水量、牲畜用水量及乡镇企业用水量之和的5%~10%计算。计算公式为：
$$Q_5 = (Q_1 + Q_2 + Q_3) \times (5\% \sim 10\%) \tag{2-7}$$

式中　Q_5——管网漏失水量（m³/天）。

(6) 水厂总供水量（水厂规模）

水厂建成投产后所能提供的最大日供水量，也就是水厂规模，为上述前五项水量之和。
$$Q_d = Q_1 + Q_2 + Q_3 + Q_4 + Q_5 \tag{2-8}$$

式中　Q_d——水厂规模，或最大日供（用）水量（m³/天）。

第三节 水质净化

一、水质净化的任务

天然水或多或少均含有各种杂质。水质净化就是通过必要的工艺，去除原水中的悬浮物质、胶体物质、细菌以及水中其他有害人体身体健康和影响工业生产的有害杂质，使处理后水满足现行生活饮用水水质标准和工业生产用水水质的要求。

二、水质净化的基本方法

给水处理的对象基本是天然水源水。处理方法应根据水源水质和用户对水质的要求确定，可分为以下三个方面：

（1）"混凝－沉淀－过滤－消毒"常规处理工艺

该工艺又称"澄清和消毒"工艺，是以地表水为水源的生活饮用水的常规处理工艺。以地表水为水源的水厂主要采用这种工艺流程。

澄清工艺一般包括混凝、沉淀和过滤，处理对象主要是水中悬浮物和胶体杂质，水中杂质通过加药，形成大颗粒的絮凝，而后经沉淀进行重力分离。澄清池是将絮凝和沉淀融为一体的构筑物。过滤则是利用粒状滤料的过滤作用，将难以沉淀的颗粒予以截留，使水的浊度进一步降低。

通常，较为完善的常规处理工艺，不仅能有效地降低水的浊度，而且对某些有机物、细菌及病毒也有一定的去除效果。

依据原水水质和用户对水质要求的差异，常规处理工艺中的构筑物可适当增加或减少。

消毒是在过滤之后的水中投加消毒剂，杀灭水中的致病微生物。目前使用的消毒剂有氯、漂白粉、二氧化氯、臭氧等，最常用的是氯消毒法，其他消毒方法还有紫外线、超声波等。

（2）水中溶解物质的处理

水中溶解物质的处理是在去除水中悬浮物质之后进行的。此类物质的处理方法有：软化、除盐、除铁、除锰、控制垢蚀和除臭、除味等。

当水的硬度（尤其地下水）即钙、镁离子含量较高，需要处理时即为软化处理。水的软化处理方法主要有：离子软化法和药剂软化法。

当处理水中含有各种溶解盐类，包括阴、阳离子需要处理，制取纯水或高纯水的过程称为水的"除盐"。而海水及"苦咸水"的处理过程称为咸水"淡化"。主要方法有蒸馏法、离子交换法、电渗析法及反渗透法等。

当溶解于地下水的铁、锰含量需要处理时，用于除铁、除锰的方法有：氧化法和接触氧化法。

除臭、除味是饮用净化水中的特殊处理。当水中的臭、味需要去除时，其方法取决于水中臭和味的来源。如活性炭吸附法、药剂氧化法、曝气法等。

（3）预处理和深度处理

随着水污染的加剧，对某些污染较为严重的水体，尤其当水中含有溶解性的有毒、有害物质，如具有"三致"（即致癌、致畸、致突变的有机物）或"三致"前提物时，水的常规处理工艺（即混凝、沉淀、过滤、消毒）就难以解决，于是便在常规处理工艺的基础上增加了预处理或深度处理。前者设在常规处理之前，后者置于常规处理之后。

预处理和深度处理的主要对象是水中含有的有机物，且多在饮用水处理或污水需回用时采用。

预处理的主要方法有：粉末活性炭吸附法、臭氧氧化、氯氧化或高锰酸钾氧化法等。

深度处理的主要方法有：粒状活性炭吸附法、臭氧－活性炭联用或生物活性炭法、合成树脂吸附法、超滤法及反渗透法等。

三、综合净水构筑物及水的特殊处理

1. 综合净水构筑物

以地表水为水源的水厂,一般包括取水、混凝、沉淀(或澄清)、过滤、消毒等工艺过程。近年来,在一些小型给水工程中相继采用了各种综合净水构筑物及装置。它们是将混凝、澄清、过滤几道工艺综合在一个构筑物内完成的设备。具有工艺流程短,占地面积小,基建投资省,建设速度快等优点,在我国农村应用广泛。

下面介绍几种主要的综合净水构筑物和装置。

(1) 小型净水塔

小型净水塔是按照无阀滤池自动虹吸冲洗的原理,将泵房、滤池及水塔合并建造的一种小型净水构筑物,如图2-5所示。制水量每小时 $5\sim8m^3$,水塔容量为 $10\sim12m^3$,它为压力过滤、自动冲洗,冲洗水由水塔供给。适用于乡镇企业、学校等给水工程。

1) 构造

小型净水塔内主要包括水泵、滤池及贮水和反冲合用的水箱、加药设备等。滤池内滤层采用优质无烟煤和石英砂组成的双层滤料。无烟煤粒径为 $0.8\sim1.8mm$,厚度为 $500mm$;石英砂粒径为 $0.5\sim1.2mm$,厚度为 $500mm$;承托层采用粗砂,粒径为 $1.2\sim2.0mm$,厚度为 $100mm$。集、配水系统采用钢筋混凝土孔式滤板,上铺两层尼龙网。

2) 工艺流程

水泵自水源吸水,利用吸水管中的负压吸入药剂,经水泵叶轮搅拌与原水混合后从顶部进入滤池,经挡板均匀地分布在整个滤层表面,进行接触过滤。过滤的清水通过滤板和集水室经管路升至顶部的水箱内。一方面为用户供水,另一方面为滤池冲洗供水。

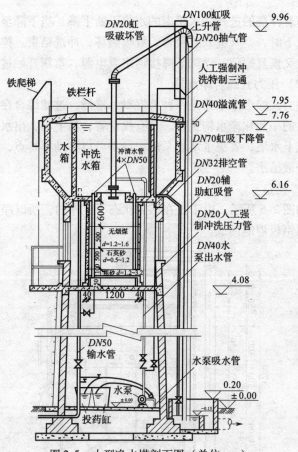

图 2-5 小型净水塔剖面图（单位：m）

随着滤层杂质的增多，水流所受阻力不断增加，为克服阻力，水泵扬程逐步提高，此时虹吸上升管内的水位也随之不断升高。当水位超过虹吸上升管顶部下的辅助虹吸管口时，水流即从辅助虹吸管中下落，利用这一流速，使抽气管不断地将虹吸管内的空气带走，当管内真空度达到一定值时，水流溢过上升管顶部，从下降管流出。滤池即开始冲洗。由于冲洗时排水井中的水位抬高，浮球也随之上升，从而切断电源，水泵停止进水。冲洗水从顶部水箱经反冲洗管（兼清水管）进入滤池底部进行反冲洗。随着冲洗的进行，水箱内的水位不断下降，当下降至虹吸破坏口以下时，空气进入虹吸管，虹吸破坏，冲洗结束。排水井中的水位又恢复原位，浮球下降接通水泵电源，重新开始过滤。

（2）压力式综合净水器

压力式综合净水器是一种将混凝、澄清、过滤综合在一个构筑物内的一元化净水构筑物。具有投资省，易上马，出水直接进用户或上水塔，省去了清水泵房，设备可以移动等特点，适于小型、分散给水。

1）构造

如图2-6所示。由于是在压力状态下工作的，所以净水器外壳采用钢板焊制而成。

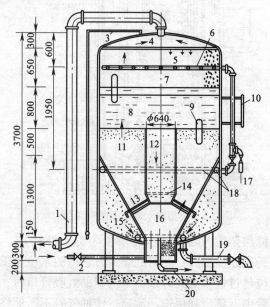

图2-6 压力式综合净水器（单位：mm）

1—清水管；2—进水管；3—放气管；4—集水区；5—集水滤头；
6—强制出水回流管；7—塑料珠滤层；8—澄清区；9—观察孔；10—人孔；
11—悬浮层；12—排泥桶；13—敷设管；14—尼龙网；15—污泥浓缩室；
16—瓷球反应室；17—空气冲洗；18—强制出水管；19—排泥管；20—排砂管

2）净水原理

在泵前加入混凝剂，经水泵叶轮混合后送入综合净水器底部的反应室进行接触反应，反应室内一般可采用瓷球或卵石。反应后的水向上经过泥渣悬浮层至澄清区，并继续通过聚苯乙烯泡沫珠滤料层过滤后，由顶部的集水滤头集水，利用剩余压力经出水管将清水送至用户或水塔。

运行过程中，悬浮泥渣不断增多，当超过排泥桶顶部时，泥渣溢入排泥桶，经辐射管进入污泥浓缩室。污泥浓缩室顶部设有强制出水管，使强制出水回流到滤层中去，再经过滤使之变为清水，增加产水量；另一方面，它还能维持泥渣平衡，稳定悬浮层，增加污泥浓缩室内污泥的浓度，延长排泥周期，减少排污耗水量。

（3）JCL 型净水器

JCL 型净水器，是将混凝、澄清和过滤等工艺组合而成的净水设备。因型号不同，处理水量在 $5\sim50m^3/h$ 之间。适于原水浊度不超过 500mg/L、短时间可达 1 500mg/L 的水质条件。

1）构造

如图 2-7 所示。它由泥渣循环回流反应区、斜管沉淀区、聚苯乙烯泡沫塑料珠过滤区及水力旋转冲洗装置等部分组成。

2）净水原理

在泵前加入混凝剂，经水泵叶轮混合后，通过喷嘴进入第一反应室，经第二反应室，然后进入斜管沉淀区，反应区及沉淀区与水力循环澄清池的反应区及斜管沉淀区的工作原理相同。经斜管沉淀后的水，继续向上通过泡沫塑料珠滤层，水被进一步净化。清水由塔式尼龙滤头汇集进入环形集水槽，输入清水池。经水泵提升加压，供用户或进入水塔。

2. 水的特殊处理

水的特殊处理包括的内容较多，这里只对除铁、除锰和除氟技术作一介绍。

（1）地下水除铁除锰

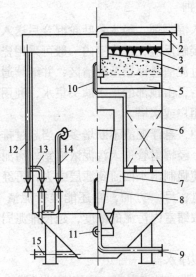

图 2-7 JCL 型净水器构造示意图

1—出水槽；2—滤头；3—聚苯乙烯轻质材料；4—水力旋转管；5—斜板；
6—第二反应室；7—第一反应室；8—进水管；9—冲洗管；10—视镜；
11—排泥管；12—出水管；13—初滤排水管；14—中间排水管；15—放空管

1) 含铁含锰的地下水水质

含铁含锰地下水在我国分布较广。当其含量超过饮用水或工业用水标准时，自来水出现红水，带有金属涩味，使人感觉不愉快；降低纺织、印染、食品等工业的产品质量，还会在管内壁产生铁锰沉淀造成堵塞。我国标准规定饮用水含铁量不大于 0.3mg/L，含锰量不大于 0.1mg/L。

含铁含锰地下水，主要是含二价铁的重碳酸亚铁和溶解态的二价锰，当水中有溶解氧时，二价铁易于氧化为三价铁，二价锰易于氧化为四价锰，它们溶解度极低，能以氢氧化物的形式析出。

2) 接触氧化法除铁

原含铁地下水溶解氧极少，经过曝气后，溶解氧迅速增多。然后使其直接进入滤池，在滤料活性滤膜接触催化作用下，二价铁很快被氧化为三价铁，从而被吸附截留在滤层中。所以除铁工艺是由曝气和接触氧化过滤组成的。

① 曝气设备。无论哪种曝气设备，都是设法增大水和空气的接触面积，提高曝气氧化的效果。若将水以水滴或水膜的形式散于空气中的，称为淋水式；若将空气以微小气泡的形式散于水中的，称为充气式。适于农村供水的淋水式曝气设备见表2-15。

曝气设备及主要参数表　　　　表2-15

曝气设备	主　要　参　数
淋水装置	莲蓬头布置：一般要求每 $1.0 \sim 1.5 m^2$ 集水池面积上设一个莲蓬头。 淋水密度：一般采用 $1.5 \sim 3.0 m^3/(m^2 \cdot h)$。 莲蓬头至集水池水面高度：当原水含铁、锰浓度小于 $5mg/L$ 时，为 $1.56m$；当原水含铁、锰浓度为 $5 \sim 10mg/L$ 时，为 $2.0m$；当原水含铁、锰浓度大于 $10mg/L$ 时，为 $2.5m$。 莲蓬头直径 $150 \sim 200mm$，孔眼直径 $4 \sim 6mm$，开孔率 $10\% \sim 20\%$，孔眼流速 $1.5 \sim 2.5m/s$
喷水装置	喷嘴布置：一般要求每 $10m^2$ 集水池面积上装设 $4 \sim 6$ 个向上的喷嘴。 淋水密度：一般采用 $5m^3/(m^2 \cdot h)$。 喷嘴处水压：一般采用 $7m$
接触曝气塔	填充物：煤渣、焦炭或矿渣，粒径为 $30 \sim 50mm$。 淋水密度：一般为 $10 \sim 20m^3/(m^2 \cdot h)$。 每层充填层厚度：$300 \sim 400mm$。 两填充层间净距：不小于 $600mm$，小型塔可减至 $400mm$。 填充层层数：当原水中铁、锰含量小于 $5mg/L$ 时，为 3 层；当原水中铁、锰含量为 $5 \sim 10mg/L$ 时，为 4 层；当原水中铁、锰含量大于 $10mg/L$ 时，为 5 层

② 接触滤池。除铁可以用各种形式的滤池，如普通快滤池、无阀滤池、压力滤池等。滤料可用石英砂或天然锰砂，为延长工作周期，可用无烟煤和石英砂作双层滤料，用于含铁较高的原水。新铺滤料接触氧化除铁作用很小，经过 $7 \sim 30$ 天的运行，待滤料表面形成黄褐色的铁锈层（即活性滤膜）后，便可得到稳定的除铁效果。滤料从除铁效果差到效果好的过程，称为滤料的"成熟"，这个过程所需的时间称为"成熟期"。成熟期的长短与

原水水质和滤料的性质有关,一般天然锰砂的成熟期较短,无烟煤次之,石英砂较长。

除铁除锰的滤池滤速一般为 5~10m/h,含铁量低时可取高限,反之应取低限。重力式滤池的滤层厚度为 0.7~1.0m,压力式滤池应较厚,一般取 1.0~1.5m。双层滤料的滤层总厚度为 0.7~1.1m,上层无烟煤厚 0.3~0.5m,下层石英砂厚 0.4~0.6m。石英砂滤料,冲洗强度与普通快滤池相同,锰砂滤料因比重较大,冲洗强度应略高些。

接触氧化除铁技术,可在水的 pH 不低于 5.5 的条件下除铁。含铁地下水的 pH 绝大多数高于 5.5,所以不需提高水的 pH,即可利用该技术顺利将铁除掉。

3) 地下水除锰

地下水除锰方法有:氧化法、离子交换法、混凝法等,我国推广使用的主要是接触氧化法。

含锰地下水曝气后,经滤层过滤,能使高价锰的氧化物逐渐附着在滤料表面上,形成锰质滤膜,使滤料成黑色或暗色的"锰质熟砂"。这种熟砂具有接触催化作用,可大大加快氧化速度,使水中二价锰在较低的 pH 条件下,就能被氧化为高价锰从水中去除。这一工艺就称为"接触氧化除锰"。

通常水中铁和锰是共存的。因铁会干扰锰的去除,故一般要求先除铁后除锰。当地下水含铁量不大于 2mg/L,含锰不大于 1.5mg/L 时,铁、锰可在同一滤池中被去除,这时滤层上部为除铁带,下部为除锰带。当铁锰含量较高时,应适当降低滤速或加厚滤层。当含铁量高于 5mg/L、含锰量高于 1.5mg/L,可考虑设两级过滤,第一级过滤用以除铁,第二级过滤用以除锰。

水的 pH 对接触氧化除锰效果有重大影响。一般要求将水的 pH 提高到 7.5 左右,而含锰地下水的 pH 绝大多数低于 7.5,所以应设法提高其 pH。曝气散除水中的二氧化碳,是提高水的 pH 的经济而有效的措施。

(2) 地下水除氟

氟是人体中所需要的微量元素之一。但长期饮用含氟量过高或过低的水，都会影响人体健康。饮用水中氟的适宜浓度为0.5~1.0mg/L。饮用含氟量过高的水可使牙齿出现斑釉、关节疼痛和骨硬化症等。除氟方法主要有沉淀法和离子交换法两大类。

1）混凝沉淀除氟

向原水中投加混凝剂，使之生成絮体吸附水中的氟化物，然后经过沉淀过滤将氟除掉。常用的混凝剂有硫酸铝，氯化铝、碱式氯化铝等。

① 投药量。投药量受水质、水温等因素影响，应视具体情况而定。当含氟量超过7.0mg/L时，需作二次除氟。

② 混凝条件。当原水pH大于8时，混凝效果较好，形成的矾花大，易下沉；当原水pH低于7时，矾花形成不好，一般可加石灰提高pH，以增强混凝效果。用铝盐除氟可使水中SO_4^{2-}或Cl^-含量增高，如原水SO_4^{2-}含量超过150mg/L时，不宜采用硫酸铝除氟；如原水是SO_4^{2-}和Cl^-含量都很高的苦水，可采用电渗析法除氟，既能使水的含氟量降低，又可使水淡化。

2）离子交换法除氟

将含氟水通过特殊的滤料，起离子交换作用。当交换作用失效后，用再生方法恢复其处理能力。使用的吸附剂主要有活性氧化铝和磷酸钙等。下面只对活性氧化铝作介绍。

① 活化。活性氧化铝是一种多孔吸附剂，具有较大的表面积，它对氟有很强的吸附亲和力。使用时须用5%的硫酸铝溶液浸泡8h，再移至2%的硫酸铝溶液中浸泡16h使之活化为硫酸盐型，控制pH在6.0左右，即可进行除氟过滤。

② 除氟。高氟水通过活性氧化铝滤床，保持一定的接触时间，处理后的水即可达到饮用标准。一般要求高氟水与滤料的接触时间不低于15min。当除氟滤床处理一定水量后，水中余氟含量升高，不符合饮用要求时，需进行再生处理。

③ 再生。以硫酸铝作再生剂，效果好而且经济。先用原水自下而上地反复冲洗，冲洗强度为11~12L/(s·m^2)，冲洗历时

5min左右。然后用硫酸铝溶液（浓度约2%）再生。再生液自上而下流过，流速为0.6m/h左右，历时为6~8h。为了排除铝和铁的氢氧化物对活性氧化铝除氟能力的影响，一般运行15~18个周期后需用3%左右的盐酸溶液清洗一次，盐酸用量一般为滤料重量的0.1倍左右。

影响活性氧化铝除氟容量的因素较多。主要表现为：一是粒径大小。球形活性氧化铝除氟效果好，直径越小，除氟容量越高。如采用直径为2mm的球形活性氧化铝，除氟容量可保持1.2mgF$^-$/gAl$_2$O$_3$；直径3~5mm时，除氟容量为0.9mgF$^-$/gAl$_2$O$_3$。目前常用的活性氧化铝的粒径为0.5~2.5mm。二是接触时间。接触时间的长短，直接受滤速快慢的影响，可通过调节滤速控制接触时间。三是水中HCO$_3^-$含量对除氟的影响。活性氧化铝滤床在除氟的同时，水中HCO$_3^-$离子也相应降低。如向水中加酸，则可提高活性氧化铝的除氟容量。

第四节 管网和调节构筑物

一、管网布置

1. 管网分类

给水管网由埋在地下的大小不等的水管所组成，分布在整个给水区内。根据给水管网在整个系统中的作用，可分为输水管和配水管网两类。

输水管道是从水源至配水管网的管道，沿线一般不接用户管，主要起输送水量的作用。

配水管网就是将水分配供应到各用户的管道系统。

2. 管网布置

（1）输水管布置

1）保证供水安全，并尽可能做到线路最短，工程量最小，造价低，施工维护方便，少占或不占农田。

2）线路走向，有条件时沿现有道路或规划道路敷设。

3）选择线路时，要利用地形，尽量考虑重力流输水或部分重力流输水，避免穿越河谷、沼泽、洪水淹没地区。

4）农村供水一般允许间断，可设一条输水管，并建一定容量的贮水池或水塔进行调节。

5）输水管道的最高点，一般应设进气阀和排气阀，以便及时排除管内空气，或放空时引入空气。在输水管的低洼处，应设泄水阀及泄水管，泄水管应接至河道、沟渠或低洼处。

（2）配水管网及其布置

1）配水管网分类及特点

根据管线所起作用的不同，配水管可分为干管和支管。干管的主要作用是担负沿供水区域的输水工作；支管的任务是配水到用户和消火栓。农村供水工程中两者的界限不甚明显。

配水管网有两种布置形式，即树状管网和环状管网，如图 2-8 所示。

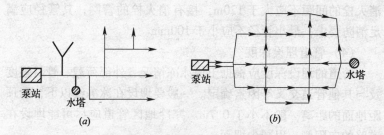

图 2-8 配水管网布置图
(a) 树枝状管网；(b) 环状管网

树枝状管网总长度短，管道的管径按流量的变化由粗到细，节省建设费用。但供水可靠性差，若干管损坏，下游管网将无水可供。

环状管网供水可靠，当局部管线损坏时可关闭阀门，使其与其他部分隔开，水流仍可通过另外管线输向用户，影响范围较小。但管线长度增加，投资高。

2) 配水管网布置要求

① 满足水量水压的要求，考虑施工维修方便，尽可能缩短管线长度。

② 设置分段分区检修阀门。一般情况下，干管上的阀门以设在支管的下方为宜，以便阀门关闭时，尽量减少对支管的影响。支管与干管相接处，应在支管上设置阀门。

③ 暂时缓建的支管，应在干管上预留接口，以待扩建时接管。

④ 树状管网的末端应装设泄水阀，以便放空管段中的存水，保证水质。

(3) 给水栓、消火栓布置

农村供水工程中，给水栓有两种布置方式：一是一户一个给水栓，这样取水和收费都比较方便；二是每隔一定距离，在街坊布置一集中给水栓，用户就近取水。消火栓的布置，一般根据居民和主要建筑物分布情况而定，设于通行方便的街道边缘。两个消火栓的间距不应大于120m，接有消火栓的管网，其管径应满足消防要求，最小管径不应小于100mm。

(4) 管道埋设深度

管道的埋设深度应根据土壤冰冻情况、外部荷载、管材强度及与其他管道交叉等因素确定。一般要埋设在冰冻线以下，管顶距地面的距离一般不小于0.7m。寒冷地区管道应尽可能埋设在道路的向阳侧，以减少埋深。

二、管道及管网水力计算

1. 管道及管网计算流量的确定

(1) 输水管道计算流量的确定

1) 从水源至水厂的输水管道：当有调节构筑物（水塔、清水池）时，按最高日平均时供水量加水厂自用水量确定；当无调节构筑物时，则按最高日最高时供水量加水厂自用水量确定。

2) 从水厂到管网的输水管道：当管网内有调节构筑物时，按最高日最高时运转条件下由水厂供给管网的水量确定；当无调节构筑物时，应按最高日最高时供水量确定。

（2）配水管网计算流量的确定

1) 当管网内无调节构筑物（如水塔、高位水池、调节泵站）时，应按最高日最高时用水量确定，且水量全部由净水厂供给。

2) 当管网内有调节构筑物时，应按最高日最高时用水量确定，且水量等于净水厂供水量和调节构筑物供水量之和。

2. 管道水力计算

（1）管径确定

给水管网中各管段的管径计算公式如下：

$$D = \sqrt{\frac{4Q}{\pi V}} \tag{2-9}$$

式中　Q——管段的计算流量（m^3/s）；

V——流速（m/s）；

D——据式（2-26）计算所得的输配水管道的内径，管道直径通常用公称直径 D_g 表示。

管道流速大小的选定，直接影响工程造价和运行费用。当流量一定时，若选择较大流速，则管径就小，从而降低造价，但因流速较大而增加了水头损失，以致水泵扬程必须提高，增加了运行费用；相反，选择较小流速，则管径就大，降低了运行费用，却增加了造价。因此，在管网造价和运行费用最经济合理的前提下，必有一个适宜的流速，我们称这个流速为管道经济流速。因各地材料、设备、动力燃料价格不同，经济流速也不相同。最好是参考附近地区供水工程所采用的经济流速来确定管径。如无现成资料，一般采用的经济流速范围是：管径100~400mm，流速为 0.6~1.0m/s；管径大于400mm时，流速为 1.0~1.4m/s。

在农村规划设计中，为简化计算，有时也可根据人口数和用水量标准，直接从表2-16中，查出所需的管径。

表 2-16 给水管径简易估算表

管径 (mm)	计算流量 (L/s)	使用人口数 用水标准=50 升/人·天 (K=2.0)	用水标准=60 升/人·天 (K=1.8)	用水标准=80 升/人·天 (K=1.7)	用水标准=100 升/人·天 (K=1.6)	用水标准=120 升/人·天 (K=1.5)	用水标准=150 升/人·天 (K=1.4)	用水标准=200 升/人·天 (K=1.3)	备注
50	1.3	1 120	1 040	830	700	620	530	430	1. 流速: 当 $d \geq 400$mm 时,$v \geq 1.0$m/s;当 $d \leq 350$mm 时,$v \leq 1.0$m/s; 2. 本表可根据用水人口数以及用水量标准查得管径,也可根据已知的管径、用水量标准查得该管可供多少人使用
75	1.3~3.0	1 120~2 600	1 040~2 400	830~1 900	700~1 600	620~1 400	530~1 200	430~1 000	
100	3.0~5.8	2 600~5 000	2 400~4 600	1 900~3 700	1 600~3 100	1 400~2 800	1 200~2 400	1 000~1 900	
125	5.8~10.25	5 000~8 900	4 600~8 200	3 700~6 500	3 100~5 500	2 800~4 900	2 400~4 200	1 900~3 400	
150	10.25~17.5	8 900~15 000	8 200~14 000	6 500~11 000	5 500~9 500	4 900~8 400	4 200~7 200	3 400~5 800	
200	17.5~31.0	15 000~27 000	14 000~25 000	11 000~20 000	9 500~17 000	8 400~15 000	7 200~12 700	5 800~10 300	
250	31.0~48.5	27 000~41 000	25 000~38 000	20 000~30 000	17 000~26 000	15 000~23 000	12 700~20 000	10 300~16 000	
300	48.5~71.0	41 000~61 000	38 000~57 000	30 000~45 000	26 000~28 000	23 000~34 000	20 000~29 000	16 000~24 000	
350	71.0~111	61 000~96 000	57 000~88 000	45 000~70 000	28 000~60 000	34 000~58 000	29 000~45 000	24 000~37 000	
400	111~159	96 000~145 000	88 000~135 000	70 000~107 000	60 000~91 000	58 000~81 000	45 000~70 000	37 000~56 000	

(2) 压力和水头损失

在管道上某一点接一个压力表或测压管,所测得的读数就是该点的压力。管道内的水压力一般以帕斯卡(Pa)表示。通常为了计算方便,也以水柱高度来表示。水流在管道内流动所消耗的能量,称为水头损失。

(3) 管道水头损失计算

管道水头损失有沿程损失和局部损失之分。

管道沿程水头损失 h_f 主要因管道内壁对水流的阻力而产生的。它的大小可用下式表示:

$$h_f = iL \tag{2-10}$$

式中　L——管道长度(m);

　　　i——管道每米水头损失(mm/m),其计算公式为:

$$i = \xi \frac{1}{d_j} \frac{v^2}{2g}$$

　　　ξ——阻力系数;

　　　d_j——管道内径(m);

　　　v——管道平均流速(m/s);

　　　g——重力加速度(m/s²)。

阻力系数 ζ,与管道材料、管道粗糙程度、管径、管内流动物质的性质以及温度等因素有关。常用的各种管材管道的水力计算表可参见《给水排水设计手册(第1册)》(中国建筑工业出版社)。根据设计供水的流量、设计选用的管道材料,在满足设计经济流速的情况下,查相应的水力计算表确定管道的管径、单位长度的水头损失,进而得到管道的沿程水头损失。

对于给水管道上的许多管件,如弯头、三通、阀门、止回阀等,仍需计算其对水流的阻力,称为局部损失,或局部水头损失。计算公式如下:

$$h_j = \zeta \frac{v^2}{2g} \tag{2-11}$$

式中　h_j——局部水头损失(m);

v——管中水流平均流速（m/s）；
ζ——局部阻力系数，随管件不同而异，可查有关手册；
g——重力加速度（m/s²）。

在一般管道的计算流速范围内，特别是在管道比较长，局部阻力与沿程阻力相比很小的情况下，一般不作详细计算，按沿程损失的5%~10%考虑即可。

3. 管网水力计算

（1）管网水力计算的任务

管网水力计算的任务是根据最高日最高时用水量等因素，求出各段管线的直径和水头损失，然后确定水泵所需扬程和水塔高度，以满足用户对水量和水压的要求。

（2）管网设计和计算的步骤

1）管网定线，在平面图上确定管线的布置，对相交的管线节点进行编号，确定两节点间的管段长度。

2）计算沿线流量和节点流量。

3）计算各管段的流量，并确定各管段的直径。

4）计算每一管段的水头损失。

5）根据各管段的水头损失和地形标高，求各节点水压线标高、水塔高度和水泵扬程。

（3）沿线配水流量

农村给水管网比较简单，但实际配水情况也较复杂，准确计算某一管线内的实际流量是困难的。为简化计算，通常把流量分为集中流量和沿线流量两类。集中流量是指乡镇企业、学校、医院等大用户的流量；沿线流量是指居民用水及流量较小的一些单位用水。集中流量的计算，主要根据用户提出的要求确定。关于沿线流量的计算，一般采用以下几种方法。

1）单位管段长度比流量法

这种方法假定主要管道的沿线用水量是均匀分布，将整个管网的最高日最高时总流量减去集中用水大户的流量后，再按管线的总长度平均分摊。由此算出每米管线长度的平均流量，叫比流量。比流量也就是整个管网单位管长沿线流量的平均指标。计算公式如下：

$$q_{比} = \frac{Q - Q_1}{L_{总}} \qquad (2-12)$$

式中 $q_{比}$——比流量 [L/(s·m)]；
 Q——最高日最高时总流量（L/s）；
 Q_1——集中流量（L/s）；
 $L_{总}$——管线计算总长度（m）。

这样，某一管线的配水流量（或称沿线流量）$Q_{沿}$，可以用比流量乘以该段长度求得，即：

$$Q_{沿} = q_{比} L \qquad (2-13)$$

式中 L——某一管段的计算长度（m）。

在计算管线的总长度时，不配水的管段（如穿越农田等）或用水极少区域的管段长度应扣除不计。只有一侧配水的管段（如沿河敷设的管段），其计算长度可按实际长度的 1/2 考虑。

由于给水区内居民密度、用水程度参差不齐，因此比流量计算法只是一种近似的方法。

2）单位面积比流量法

这种计算方法假定在所需配水面积范围内用水量均匀分布，即单位配水面积的用水量大致相同，其计算公式如下：

$$q_{面} = \frac{Q - Q_1}{\omega_{总}} \qquad (2-14)$$

式中 $\omega_{总}$——管线所需配水的总面积（m²）。

各街坊的配水流量 $Q_{街}$

$$Q_{街} = q_{面} \omega \qquad (2-15)$$

式中 ω——该街坊的配水面积（m²）。

计算出街坊的配水流量后，可按街坊外围各管段长度正比例地分配于各管段。

一般，农村给水初期布置的管网比较简单，用水分布情况也较明确。因此，也可不拘泥于上述计算方法，而对具体情况作具体分析，确定出各管段的配水流量。

(4) 节点流量

节点流量由沿线流量和集中流量两部分组成。为了便于计算，将沿线流量平分到管段两端的节点上。这样，管网中任一节点的流量，应等于连接于该节点上各管段的沿线流量总和的1/2。即：

$$Q_{节点} = \sum Q_{沿}/2 \tag{2-16}$$

对于集中流量向节点上的分配，一般可根据集中流量所在管段中的位置，按与两端节点的距离，成反比例地将流量分配到节点上去。如 AB 管段上有集中流量 Q，距 A 端为 1/3 管段长，距 B 端为 2/3 管段长，则 A 节点上应得 $2Q/3$，B 节点应得 $1Q/3$。

(5) 树状管网计算

常见的树状管网计算，一般要求计算各管段流量、管径、水头损失、各节点水压线标高等。

对于新建的树状管网，计算过程是先用管段的计算流量和经济流速来确定管径，并计算出水头损失，由地形标高和最不利点（即控制点）所需的水压及管段水头损失求出管网各点的水压，从而确定水厂出水压力和水塔高度。

对于水厂供水压力已知的树状管网，计算过程是：第一步，先按水厂的水压、最不利点所需水压、沿线各节点的地形标高、沿线各管段的长度，估算出各管段的水头损失；第二步，按管段流量、管段长度、上述水头损失值，选定管道直径；第三步，根据管段流量、已选定的管径，计算管段的水头损失，复核最不利点所需的水压是否满足，若计算出的最不利点水压小于所需水压，或大于所需水压过多时，再调整管径，重复上述计算。经济流速在这种计算中不起主导作用，但计算出的流速不应过大或过小。

(6) 环状管网计算

环状管网计算与树状管网计算有明显的不同，它不能一次性计算管段流量、管径和水头损失。因为树状管网中的任一节点只有一个来水通道。而环状管网中的节点，存在着一个以上的来水通道，其管段流量的确定就比较复杂，必须依据流入、流出节点的流量相等的原则（即 $\sum Q = 0$），进行流量调整计算。流量的调整计算还受制约于水头损失的计算，因为在任意一个封闭环路内，由某一节点沿两个方向至另一节点的水头损失应相等（即 $\sum h = 0$）。

管网流量初步分配确定后，按管段的流量和经济流速选定管径，求出各管段的水头损失。每一环内，两个方向的水头损失会不相等，即 $\sum Q \neq 0$，出现了闭合差 Δh。对这种不闭合的情况，必须将流量重新调整，使水头损失较大的管段中的流量减少些，相应的将另一方向，即水头损失较小的管段中的流量增大些，但必须符合节点 $\sum Q = 0$ 的条件。这样连续试算几次，直到闭合差达到允许值为止。工程上一般要求每一单环的闭合差在 0.5m 以下，整个管网任一闭合环路的闭合差不大于 1.5m 即可。

三、管材及附属设施

1. 管材及性能

在给水工程中，采用的管材分金属管和非金属管两大类。金属管材主要指铸铁管、钢管两种；非金属管材主要指水泥压力管、塑料管两种。另外，农村给水中还有使用陶土管、竹管。管材的选用应根据工作压力、外部荷载、土性质、材料来源、施工维护和供水安全性等因素确定。当前农村给水中采用塑料管的日益增多。

（1）金属管材

在输配水管道中，目前大量使用的是铸铁管。小口径的室内给水管道，主要采用的是镀锌钢管。在大口径管道中，也有采用焊接钢管的。

1）铸铁管

它在给水管道中应用广泛，使用历史也相当悠久。较钢管有更大的耐腐蚀性，使用寿命长。主要缺点是质脆、笨重。我国目前生产的管径规格为 75～1 500mm，工作压力分为高压（大于 1MPa）、中压（大于 0.75MPa）和低压（大于 0.45MPa）三种。

管道的连接方式分为承插式和法兰式两种。法兰式连接方便、易拆装，一般适用于泵房、水塔、水池的附设管道，法兰接口由于钢制螺栓易于生锈，故不宜直接埋于土中。

承插连接是将铸铁管插口一端插入另一管的承口内，承插口又分刚性接口和柔性接口两种，如图 2-9。我国目前主要以刚性接口为主。刚性接口就是在插口和承口的环向间隙内，用刚性填料填塞。柔性接口就是在插口和承口的环向间隙内，用橡胶圈作接口密封材料，使接口具有柔性，以适应管体不均匀沉降和抗振的要求。

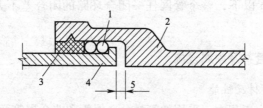

图 2-9　承插式接口

1—油麻或橡胶圈；2—承口；3—石棉水泥（或青铅）；4—插口；5—间隙

2）钢管

可耐高压、韧性好，重量轻，运输方便，管材长，接口少，易施工。但它比铸铁管造价高，耐腐蚀性差，使用寿命短。

我国目前生产的钢管有水煤气输送管、直缝焊接钢管、螺旋缝焊接钢管、无缝钢管四种。农村供水中主要使用水煤气输送管。

钢管的连接方式有焊接、法兰连接和丝扣连接三种。敷设时应考虑防腐措施。

(2) 非金属管材

在非金属管材中，主要介绍水泥压力管、塑料管和复合管。

1）水泥压力管

我国自20世经60年代以来，在给水工程中，逐步推广使用了水泥压力管材。水泥压力管主要有承插式自应力钢筋混凝土管（简称自应力管），承插式预应力钢筋混凝土管（简称预应力管）和石棉水泥管。

水泥压力管与金属管材相比具有下列优点：

① 内壁不易结垢，不会引起输水水质变化，且过水能力可保持不变。

② 水泥压力管可节约大量铸铁和能源。

③ 自应力管和预应力管使用的钢筋不多，大量的砂、石材料可就地取材。

但是，水泥压力管重量大，性脆、怕砸、怕摔，管材切割和引接分支管较困难。

2）塑料管

近几年来，农村供水采用塑料管的日益增多。塑料管作为给水管的优点是：内壁光滑、输水能力强、耐腐蚀、不易结垢、材质轻、施工运输方便、价格便宜。其缺点是强度低、刚性差、易老化和断裂。

用于自来水管道的塑料管主要有高压聚氯乙烯管（UPVC）、聚乙烯管（PE）、聚丁烯管（PB）、交联聚乙烯管（PEX）、聚丙烯共聚物管（PP—R、PP—C）及玻璃钢管（FRP）。

这些管材的连接方法有丝扣连接、法兰连接、承插连接、熔接、粘接等。

3）复合管

多为金属与塑料复合管，有钢塑管、铜塑管、铝塑管和钢骨架塑料管等。

铝塑复合管是近几年发展迅速、应用较多一种新型管材。它是以铝合金为骨架，铝管内外层都有一定厚度的塑料管。塑料管与铝管间有一层胶合层（亲和层），使得铝和塑料结合成一体不能剥离。目前用于铝塑复合管的塑料一般为 HDPE 或 PEX。

铝塑复合管具有良好的金属特性和非金属特性，现行规格口径大都在100mm 以下（外径），其规格代号与其他塑料管略有不同，如规格"2025"系指管道内径20mm、管道外径25mm、管道壁厚2.5mm。铝塑复合管材成品可盘卷包装。管材与管件的连接须采用厂家提供的专用连接件。不同厂家提供的专用连接件其连接方式与原理不尽相同。

铝塑复合管适用于建筑物冷热水供应系统。通用型铝塑复合管适用于冷水供应、内外交联聚乙烯铝塑复合管适用于热水供应。

2. 管道配件和管道设备

（1）管道配件

为了转换方向、承接分支、变换管径，铸铁管还配备各种形式的管件，其名称和图例见表2-17。

水管零件（配件）表　　　　表 2-17

编号	名称	符号	编号	名称	符号
1	承接直管		9	法兰池水管	
2	法兰直管		10	承口池水管	
3	三法兰三通		11	90°法兰弯管	
4	三承三通		12	90°双承弯管	
5	双承法兰三通		13	90°承插弯管	
6	法兰四通		14	双承弯管	
7	四通		15	承插弯管	
8	双承双法兰四通		16	法兰缩管	

续表

编号	名称	符号	编号	名称	符号
17	承口法兰缩管		25	法兰式墙管（甲）	
18	双承缩管		26	承式墙管（甲）	
19	承口法兰短管		27	喇叭口	
20	法兰插口短管		28	闷头	
21	双承口短管		29	塞头	
22	双承套管		30	法兰式消火栓用弯管	
23	马鞍法兰		31	法兰式消火栓用丁字管	
24	活络接头		32	法兰式消火栓用十字管	

钢制管件主要是用钢板卷焊成各种规格、形式的管件。通常由施工部门在加工厂制作。小口径钢管常用的管件有等径管箍、异径管箍、等径弯头、异径弯头、等径丁字管、异径丁字管、等径十字管、异径十字管、内外螺母、接头螺母、丝堵、可拆接头等。

水泥压力管道（自应力管、预应力管）和铸铁管一样，都属于承插式管材，它们的管件形式类似，但尺寸不同，规格的标注方法也有区别。水泥压力管和管件间连接也有刚性接口和柔性接口两种。

塑料及复合管，由于材料性质、加工工艺等各方面存在很大差异，不同厂家提供的专用连接件及其连接方式与原理不尽相同，且尚没有相关的国家标准，所以工程应用中，管道配件一般由生产厂家配套提供和使用。

（2）管道设备

常用的管道设备有以下几种：

1）阀门（又称闸门）

它是装在管线上，利用其闸板横断面积的改变来启闭或调节管道内的流量和水压的装置。

按照阀门中闸板形状的不同，可分为楔式和平行式两种。

楔式阀门的两密封面成一角度，大多为单闸板。平行式阀门两密封面互相平行，大多为双闸板，与楔式阀门比较，闸板容易制造、修理，不易变形，但不适合用于含有污物和杂质的流体，主要用在清水、蒸汽管道上。

阀门按其轴杆是否伸出控制盘又有明杆式和暗杆式之分。明杆式阀门启闭时，阀杆同时上升或下降，从阀杆的位置高低可看出阀门开启程度，适用于地面上的管道。暗杆式阀门的阀杆不随阀门启闭而升降，常安装在地下管道上，以减少阀门埋深和阀门井尺寸。为了掌握暗杆式阀门的开启程度，阀上装有开启度指示器，否则须由阀门开启圈数来控制。

应该注意，在压力较高的水管上，阀门应缓慢关闭，以免引起水锤，影响水管的安全使用。

2）给水栓（或称集中给水龙头）

北方严寒地区需采用专门的防冻给水栓，并保证出水管的余水可以放出，冬季在水管上包以保温材料，防止冰冻。南方地区可采用通常的水龙头，水管从管网接出地面，加装水龙头。

3）消火栓

它是发生火灾时的取水龙头，分地面式和地下式两种。地面式适用于气温较高的地区，目标明显，寻找和使用均方便，但易损坏；地下式不易损坏，但目标不明显，可根据气候和使用条件选用。

消火栓和配水管的连接有直通和旁通两种。前者是在水管顶部直接和消火栓接通；后者是从配水管接出支管，再在支管上连接消火栓。

4）单向阀（又称止回阀）

单向阀用以防止管道中水的倒流，避免发生事故。当水流反向流时，阀瓣便自动关闭，截断水的流动。单向阀主要有升降式和旋启式两大类。升降式的阀瓣垂直于阀体通道，作升降运动，它只限于公称直径 200mm 以内。旋启式的阀瓣围绕密封面作旋转运动，阻力较升降式小，但密封性差。

5）排气阀

排气阀安装在长距离输水管的最高处或管桥上。以排除积存在管中的空气。排气阀内有浮球，当水管内不积气体时，浮球上浮封住排气口，随着气量的增多，阀内水位下降，浮球随之落下，气体经排气孔排出。

6）安全阀

安全阀用于消除管道及设备内超过规定的压力值，排除关闸水锤，防止事故发生。在高扬程泵的出水管上，须考虑装设安全阀。安全阀主要有弹簧式和杠杆式两种。弹簧式是指阀瓣与阀座的密封靠弹簧的作用力，杠杆式则是靠杠杆和重锤的作用力。当水压超过规定值时，水对阀瓣的作用力就大于弹簧或杠杆重锤的作用力，致使阀瓣开启，放出部分压力水而使压力下降。

3. 附属构筑物

（1）阀门井

管网上的阀门一般应设在阀门井内，阀门井的尺寸应满足操作和维护所需的最小尺寸。阀门井一般用砖砌筑，其构造见国家《给水排水标准图集》S113 和 S115。

（2）支墩

承插接口的管线中，在水平或垂直面内的转弯处、三通的支管背部、管道尽端的管塞上等部位，由于水管内压力的作用会产生推力，当推力大于管道接口所能承受的拉力时，接口可能会松动或脱节而漏水。为此，须在这些地方设置支墩。

管径小于 350mm 的管道，试验压力不大于 1MPa 时，在一般土中埋设的弯头、三通处所产生的拉力，管道接口本身尚能承受，故可不设支墩。当管道转弯角度不大于10°时，不论管径大小，均可不设支墩。

管道支墩有水平弯管（一般为11.25°、22.5°、45°、90°）支墩、垂直弯管支墩、三通支墩几种形式。材料一般用C10混凝土或1:3水泥砂浆砌块石。

水平支墩（图2-10）的后背必须为原状土，并保证支墩和土体紧密接触。如采用砖砌支墩时，原状土和支墩间应以砂浆塞紧。水平支墩与管件间应做沉降缝，沉降缝内可垫一层油毡。

水平向上的弯管支墩（图2-11），弯管被支墩包入部分的中心夹角不得小于135°。

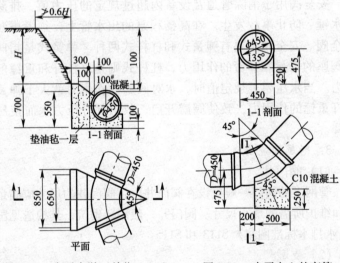

图2-10 水平支墩（单位：mm）

图2-11 水平向上的弯管支墩（单位：mm）

水平向下的弯管支墩（图2-12），连接弯管与支墩的钢箍应指向弯管的弯曲中心。钢箍露在支墩外面的部分，一般应有不小于50mm厚的1:3水泥砂浆保护层。

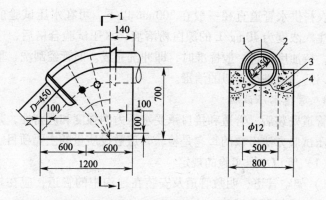

图 2-12　水平向下的弯管支墩（单位：mm）
1—1:3 水泥砂浆，厚 50；2—Φ12 拉筋；3—双紧螺栓；4—工作缝

管径 400~600mm 的弯管、三通支墩见标准图集 S328。

四、管道防腐、消毒及水压试验

1. 管道防腐

金属管道埋在地下、安装在水下或敷设在地面以上，会逐渐氧化、腐蚀。管道防腐处理一般有涂敷绝缘防腐层和电化学防腐两种方法。常用的是涂敷绝缘防腐层方法。

（1）管道外壁防腐

明铺的钢管防腐，应先将外壁的铁锈除去，然后刷涂 1~2 遍红丹漆，干后再刷两遍面漆。

设在地沟内的钢管防腐，除锈后，一般先刷 1~2 遍红丹漆或冷底子油，再刷两遍热沥青或环氧煤沥青。

埋入地下的钢管防腐，一般采用涂沥青的方法，先涂冷底子油，然后缠绕牛皮纸或聚氯乙烯塑料布，最后涂热沥青。

（2）钢管和铸铁管内壁防腐

目前一般采用涂衬水泥砂浆或聚合物水泥改性砂浆的方法。具体施工有离心法、风送法和喷涂法等三种工艺。

2. 管道冲洗消毒

为保证用水的安全卫生，新埋管线竣工后，要进行冲洗消毒。农村供水管道直径一般在300mm以下，可在水压试验前灌水时注入浓度为40mg/L的漂白粉溶液，水压试验合格后，进行冲洗，待浊度符合一般标准时，即冲洗完成。旧管经刮洗、重涂衬里以后，应进行类似的消毒。

3. 管道水压试验

管道安装后，管道和接口承受水压力的强度和严密性，是通过水压试验方法考核的，它是检验管道敷设质量的主要项目。

（1）管道水压实验的规定

1）架空管道、明敷管道及安装在地沟中的管道，应在外观检查后，进行压力试验。

2）地下管道必须在管基检查合格回填土不小于0.5m后，进行压力试验。

3）管道试验段长度不宜大于1km，非金属管道的试验长度宜更短些。

4）管道内充满水，并在管内停留下列时间后，方可进行水压试验：

钢管、铸铁管和石棉水泥管为24h；

预应力管、自应力管和普通钢筋混凝土管，管径小于1 000mm时，停留时间为48h，管径大于1 000mm时，为72h。

5）铸铁管道的工作压力小于0.5MPa时，试验压力应为工作压力的2倍；当工作压力大于0.5MPa时，应为工作压力再加0.5MPa。

6）钢管的试验压力应为工作压力加0.5MPa，并不小于0.9MPa。

7）预应力管、自应力管、普通钢筋混凝土管的工作压力小于0.6MPa时，试验压力应为工作压力的1.5倍；当工作压力大于0.6MPa时，应为工作压力加0.3MPa。

8）水下管道的试验压力，设计无规定时，应为工作压力的2倍，且不少于1.2MPa。

(2) 水压试验方法及合格标准

1) 架空管道、明敷管道及敷设在地沟中的管路，只按压力降测定作为强度试验。规范规定：先升压至试验压力，观测10min，如压力降不大于0.05MPa，且管道、接口未发生破坏，然后将压力降至工作压力，进行外观检查，如无渗漏现象即认为合格，不作渗漏量测定。

2) 地下管道进行水压试验时，以严密性试验为主。规范规定：先升压至试验压力，恒压不小于10min（为了保持压力，允许向管内补水），检查接口及管道附件未发生破坏及较严重的渗水现象，即进行渗水量测定，也就是严密性试验。试验装置见图2-13。

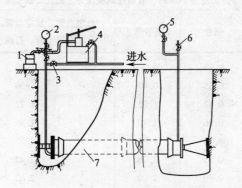

图2-13　水压试验装置示意图
1—量水槽；2—压力表；3—阀门；
4—水压泵；5—压力表；6—放气阀；7—管道

渗水量测定及计算方法：首先将水压升至试验压力，关闭水泵阀门，记下压力降为0.1MPa所需的时间 $T_1(\min)$，再将管道压力提高到试验压力，关闭水泵阀门，立即向外放水，记下压力降为0.1MPa时所需时间 $T_2(\min)$，同时测量在此时间内的放出水量 $V(L)$。则实验管段的渗水量 q 可按下式计算：

$$q = \frac{V}{T_1 - T_2} \quad (2\text{-}17)$$

式中 q——管道渗水量（L/min）；

V——试验管段压力降为 0.1MPa 时，经水龙头放出的水量（L/min）；

T_1——未放水时，从试验压力下降 0.1MPa 所经过的时间（min）；

T_2——放水时，从试验压力下降 0.1MPa 所经过的时间（min）。

若试压时管道未发生破坏，且渗水量又不大于表 2-18 给出的允许值，则认为测定合格。

压力管道水压试验允许渗水量　　　　表 2-18

管径 （mm）	长度为 1km 时，管道在试验压力上的允许渗水量（L/min）		
	钢管	铸铁管	自应力管、预应力管、普通钢筋混凝土管、石棉水泥管
100	0.28	0.70	1.40
125	0.35	0.90	1.56
150	0.42	1.05	1.72
200	0.56	1.40	1.98
250	0.70	1.55	2.22
300	0.85	1.70	2.42
350	0.90	1.80	2.62
400	1.00	1.95	2.80
450	1.05	2.10	2.96
500	1.10	2.20	3.14

注：表中未列的各种管径，可用下列公式计算允许渗漏量：

钢管：$q = 0.05 D^{1/2}$

铸铁管：$q = 0.1 D^{1/2}$

预应力钢筋混凝土管、自应力钢筋混凝土管、普通钢筋混凝土管或石棉水泥管：

$$q = 0.14 D^{1/2}$$

式中 D——管内径（mm）；q——每 1km 管道允许渗漏量（L/min）。

表 2-35 中所列数据是管段长 1km 的允许渗水量，若测定的

管长小于1km时，应以表列数据按比例减小。

埋于地下的口径不大于400mm的管道，进行水压试验时，若升至试验压力后，10min内的压力降不大于0.05MPa，则可不做渗水量测定，即视为试验合格。

五、调节构筑物

1. 调节构筑物的作用、种类及适用条件

农村供水，由于规模小，以饮用为主和用水时间相对集中，水厂可采取间歇工作，其设计水量可按最高日用水流量计算。水厂在工作期内，产水量是稳定的，而用户用水量在24h中是逐时变化的。虽然在24h内，水厂产水量与用水量是平衡的，但水厂逐时产水量与用户逐时用水量是不平衡的。即使取用地下水而不需净化处理的水厂，取水泵一般兼作配水泵，不管按照什么流量（最高日平均时流量、最高日最高时流量）选泵，其输水流量与用户逐时变化的用水量也是不平衡的。为此，需建造能够调节产水量和用水量，以平衡负荷变化的构筑物，即调节构筑物。

常用的调节构筑物有清水池、高位水池、水塔和压力罐等。

清水池建在取水泵房和配水加压泵房之间，以调节取水泵和配水泵之间的水量不平衡。配水泵送水量和用户用水量之间的不平衡，以建造水塔来调节。根据给水地区的地形条件，水塔可建在管网起点（或厂内），称为网前水塔；也可建在管网末端，称为对置水塔；还可建在管网中间，称为网中水塔。高位水池的作用与水塔相同，它是利用有利地形修建的，其造价比水塔要低。压力罐作为调节构筑物的一种，装在配水泵与管网之间，以调节配水和用水之间的水量不平衡。

调节构筑物的选用与采取何种布置方式，对配水管网的造价和经常运行费用均有较大的影响，设计时要慎重选择。如有条件，应根据具体情况作多种方案比较后确定。

调节构筑物的种类、布置方式和相应的适用条件，如表2-19。

调节构筑物种类、布置方式和适用条件　　表 2-19

调节构筑物名称	布置方式	适用条件
清水池	厂内低位	① 取用地表水源的净水厂，需要处理的地下水水厂； ② 经过技术经济比较，无需在管网内设置调节构筑物； ③ 需要连续供水，并可用水泵调节负荷的水厂； ④ 净水厂内滤池需要反冲洗水源
高位水池	厂外高位	① 有可利用的适宜地形条件； ② 调节容量大，可就地取材； ③ 供水区所要求的压力和范围变化不大
水塔	厂内、外高位	① 无可利用的地形条件； ② 用水量变化大，有时不需供水或低峰时无法用水泵调节； ③ 调节容量较小； ④ 厂内水塔可兼作滤池反冲洗水箱
压力罐	厂内低位	① 无可利用的地形条件； ② 需连续供水，用水量变化大，供电有保障； ③ 对水压变化有适应性； ④ 对构筑物抗震要求较高地区； ⑤ 允许供水压力经常波动

2. 清水池

清水池的构造如图 2-14 所示，有圆形、矩形之分。可以用钢筋混凝土浇筑，也可以用砖、石砌筑。池内安装进水管、出水管、溢流管、放空管、通风孔和必要的阀门。进水管和出水管应布置在池子的两端，使水在池内流动循环，避免出现"死"水区。如清水池容量较大或清水池进、出水管需放在清水池同一侧，为防止水流短路，保证水质新鲜和足够的加氯接触时间，可在池内进水管与出水管之间设置导流墙。为便于维护管理，清水池还应设人孔和浮筒水位尺。

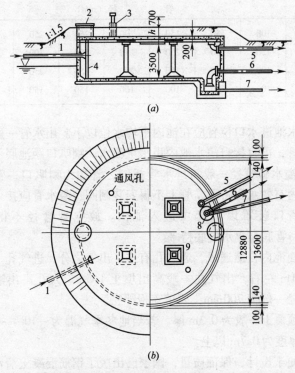

图 2-14 清水池的构造（单位：mm）

(a) 剖面图；(b) 平面图

1—进水管；2—检修孔；3—通风孔；4—铁爬梯；5—溢水管；6—出水管；
7—放空管；8—集水坑；9—Φ100 水标尺孔

清水池的有效容量包括调节容量和水厂自用水量两部分。前者可按最高日用水量的 15%～25% 计算，后者当采用水泵冲洗滤池时，可按最高日用水量的 5%～10% 计算。所以，清水池的有效容量，可按最高日用水量的 20%～35% 计算。清水池内各种管道的直径见表 2-20。

清水池管道直径　　　　表 2-20

管路	清水池容量（m³）						
	50	100	150	200	300	400	500
	管　径（mm）						
进水管	100	150	150	200	250	250	300
出水管	150	200	250	250	300	300	300
溢水管	100	150	150	200	250	250	300
放空管	100	100	100	100	150	150	150

清水池进水口位置应在池内平均水位以下。出水管一般为水泵吸水管，可直接自清水池内集水坑吸水。喇叭口距池底不小于 0.5m。溢水管管径一般与进水管相同，管端为喇叭口，管口朝上与池内有效水深持平，管上不得安装闸阀，溢水管应接入排水管道，管口装罩以防爬虫进入池内。放空管管径不得小于 100mm，管底与集水坑底持平。

为使池内自然通风，通气孔有进、出气之分，进气孔一般高出填土 1m 左右，出气孔一般高出填土 1.5m。人孔高出池顶地面，直径一般为 700mm，要求盖板严密。

池顶覆土一般为 0.3m 厚。若当地冬季气温为 -10 ~ -30℃，则覆土厚度为 0.7m 以上。

为便于设计，保证质量，国家已出版了钢筋混凝土清水池标准图集，分圆形与矩形两种。适宜农村供水应用的钢筋混凝土清水池的规模、主要数据及图号见表 2-21。

钢筋混凝土清水池标准图主要数据与图号　　　　表 2-21

主要数据与图号	圆　形						矩　形					
有效容积（m³）	50	100	150	200	250	300	50	100	150	200	250	300

续表

主要数据与图号	圆形						矩形					
直径（m）或长×宽（m×m）	4.5	6.4	7.8	9.0	10.0	11.1	3.9×3.9	7.8×3.9	11.7×3.9	11.2×5.6	12.4×6.2	13.6×6.8
高度（m）	3.5	3.5	3.5	3.5	3.5	3.5	3.5	3.5	3.5	3.5	3.5	3.5
图号	S811	S812	S813	S814	S815	S816	S823	S824	S825	S826	S827	S828

3. 高位水池

利用地形，在高地上修建的调节水池为高位水池，亦称高地水池。高位水池的作用在于调节配水泵送水量和用户用水量之间的不平衡，并保证管网所需水压。由于利用了有利地形，不必另建支架，所以容积可适当加大，停电时也可保证供水，并可减小配水泵的装机容量和清水池的容积。

高位水池的容积，亦可按照最高日用水量的20%~35%计算，在经常停电地区可适当加大。

高位水池的构造、各种管道布置要求以及附属设施的设计，可参考清水池设计。但是，设计时还应注意以下几点：

1) 修建高位水池要尽量就地取材，如用块石砌筑等。

2) 从水厂送出的水如已经消毒，高位水池的进、出水管可以合并为一条，否则仍应单独设置进、出水管，并在高位水池中加氯消毒。

3) 高位水池容积不宜过大，以免水在池内停留时间过长，容易造成水的二次污染。

4) 在同一供水区域内，若有两个及以上分别设在不同位置的高位水池，池底标高应经过水力计算确定，并应设置安全可靠的控制水位的设备。

5) 高位水池池顶应安装避雷装置，通气孔与人孔均应有严格的安全措施。池内水位要传示到配水泵房。

4. 水塔

水塔的构造如图 2-15 所示。水塔主要由水柜（水箱）、支筒（塔体）、基础和各种管道阀门等组成。水柜一般用钢筋混凝土浇筑；支筒可用钢筋混凝土浇筑，也可用砖、石砌筑；基础用混凝土浇筑或用块石砌筑。其中水柜又可分为保温与不保温两种。进、出水管与管网相连接，为节约管材，二管可以合并，也可分别设置。若进、出水管合并，在合并处以上的出水管部分应装有止回阀，以防从出水管进水；溢流管可与排水管合并，在合并前

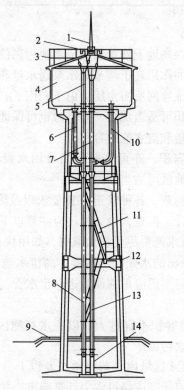

图 2-15　水塔的构造

1—避雷设施；2—透气孔；3—栏杆；4—水箱；5—溢水管；6—排水管；
7—进水管；8—溢、排水管；9—水塔地墙；10—出水管；11—扶梯；
12—中间平台；13—进、出水管；14—支墩

的适当位置在排水管上装设阀门。与水柜相连的竖向管道上应装设伸缩接头,以防因温度变化或水塔沉陷损害管道。为及时反映水柜内水位的变化,应在水柜内装设浮标水尺,并要求能够传至管理人员,以便于观察。塔顶应装避雷装置。

水塔水柜的有效容积,当考虑滤池反冲洗用水时,可按最高日用水量的15%~25%计算;其他情况一般按最高日用水量的10%~15%计算。水塔中水柜底部高度,应保证在最高日最高时用水量时,管网中最不利点所要求的自由水压。水塔设计,国家已编制标准图集供参考。适于农村的水塔标准图、图号及主要参数见表2-22。

水塔标准图、图号及主要参数　　表2-22

标准图号	水塔容量 (m^3)	水塔高度 (m)	水柜 保温情况	水柜 材料	支筒材料	编制单位
S843-1~3	30	15、20	不保温	钢筋混凝土	钢筋混凝土	上海市政工程设计院
S843-4~6	50	15、20				
S843-7~8	80	15、20				
S845-(一)	30	16、20	不保温	钢筋混凝土	砖	湖北给水排水设计院
S845-(二)	50	16、20				
S845-(三)	80	20				
S846-(一)	30	16、20	保温	钢筋混凝土	砖	铁道部专业设计院
S846-(二)	50	20				
S846-(三)	80	20				
S847-(一)	50	20	保温	钢筋混凝土	钢筋混凝土	铁道部专业设计院
S849-(一)	15	16、20	保温	钢筋混凝土	砖	铁道部专业设计院
S849-(二)	15	16、20	不保温			

5. 压力罐

压力罐是利用罐内空气的可压缩性来调节和贮存水量并使之保持所需压力的，所以又叫气压给水设备，其作用相当于水塔和高位水池。由于它的供水压力是借罐内压缩空气维持的，因此，罐体的安装高度可以不受限制。再加上这种设备投资较少，建设速度快，容易拆迁，灵活性大，自动化程度高，很适宜用于水源充足、供电正常的中小村庄供水。但其调节水量小，压力衰减快，机泵启动频繁，运行费用高，不适宜用水量大和要求压力稳定的用户。

(1) 分类和组成

1) 按气压给水设备输水压力稳定性，可分为变压式和定压式两种类型。

变压式气压给水设备在向给水系统供水过程中，水压处于变化状态，如图2-16。罐内的水在压缩空气的起始压力 P_2 的作用下，被压送至给水管网，随着罐内水量的减少，压缩空气体积膨胀，压力减小，当压力降至最小工作压力 P_1 时，压力信号器动作，使水泵启动。水泵出水除供用户外，多余部分进入气压水罐，罐内水位上升，空气又被压缩，当压力达到 P_2 时，压力信号器动作，使水泵停止工作，气压水罐再次向管网供水。

定压式气压给水设备在向给水系统送水过程中，水压相对稳定，如图2-17。目前常用的做法是在气、水同罐的单罐变压式气压给水设备的供水管上，安装压力调节阀，将阀出口压力控制在要求范围内，使供水压力相对稳定。也可在气、水分罐的双罐变

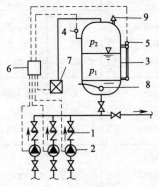

图2-16 单罐变压式气压给水设备

1—止回阀；2—水泵；3—气压水罐；4—压力信号器；5—液位信号器；6—控制器；7—补气装置；8—排气阀；9—安全阀

压式气压给水设备的压缩空气连通管上安装压力调节阀,将阀出口气压控制在要求范围内,以使供水压力稳定。

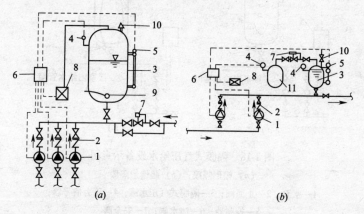

图 2-17 定压式气压给水设备
(a) 单罐;(b) 双罐
1—水泵;2—止回阀;3—气压水罐;4—压力信号器;5—液位信号器;
6—控制器;7—压力调节阀;8—补气装置;9—排气阀;
10—安全阀;11—贮气罐

2) 按气压给水设备罐内气、水接触方式,可分为补气式和隔膜式两种类型。

补气式压力罐中空气与水直接接触,经过一段时间后,空气因漏失和溶解于水而减少,使调节水量逐渐减少,水泵启动渐趋频繁,因此需定期补气。补气方法有空气压缩机补气、水射器补气和定期泄空补气等。

隔膜式压力罐气水分开,如图 2-18。水在橡胶囊内部,外部与罐体之间的间隙预充惰性气体,一般可充氮气。这种压力罐没有气溶与水的损失问题,可一次充气,长期使用,不必设置空气压缩机,并且可以避免补气对水可能的污染。因此,节省了投资,简化了系统,扩大了使用范围。

(2) 压力罐的计算

1) 压力罐调节容积计算

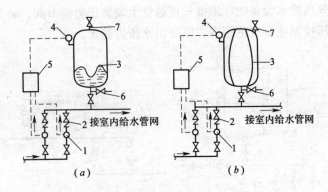

图 2-18 隔膜式气压给水设备示意图
(a) 帽形隔膜；(b) 胆囊形隔膜
1—水泵；2—止回阀；3—隔膜式气压水罐；4—压力信号器；
5—控制器；6—泄水阀；7—安全阀

罐内上限压力时的水位与下限压力时的水位之间的容积，即水泵开、停一次的调节容积。其计算公式为：

$$V_{ql} = \alpha_a \frac{q_b}{4n_q} \quad (2-18)$$

式中 V_{ql}——压力罐的水调节容积（m^3）；

q_b——水泵的出水量，当罐内为平均压力时，其值不应小于管网最大小时流量的 1.2 倍（m^3/h）；

n_q——水泵在 1h 内的启动次数，宜采用 6~8 次；

α_a——安全系数，宜采用 1.1~1.2。

2）压力罐总容积计算

在相同调节容积的情况下，压力罐的总容积与最大和最小工作压力有关，也与采用自动补气还是人工泄空补气方式有关。

$$V_q = \frac{\beta V_{ql}}{1 - \alpha_b} \quad (2-19)$$

式中 V_q——压力罐总容积（m^3）；

β——容积附加系数，其值反映了罐内不起作用的附加水容积的大小，隔膜式气压水罐宜为 1.05，补气式

卧式水罐宜为 1.25、补气式立式水罐宜为 1.10;

α_b——罐内压力 P_1 与 P_2 之比,其值增大,钢材用量和成本增加,反之 P_2 增大,水泵扬程高,耗电量增加,所以 α_b 取值应经技术经济分析后确定,宜采用 0.65~0.85,在有特殊要求时,也可在 0.50~0.90 范围内选用。

3) 水泵的流量和扬程

变压式和单罐定压式气压给水设备的水泵向气压水罐供水时,其出水压力在气压水罐的最小工作压力 P_1 和最大工作压力 P_2 之间变化,为尽量提高水泵的平均工作效率,应选择流量—特性曲线较陡、高效区较宽的水泵。一般以罐内平均压力 $P = (P_1 + P_2)/2$ 的工况为依据确定水泵扬程,此时水泵流量应不小于 $1.2Q_h$ 流量。

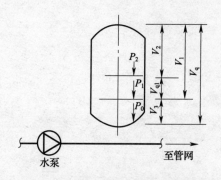

图 2-19 气压水罐容积计算示意图

双罐定压式气压给水设备,其水泵扬程和流量应按不小于给水系统所需压力和设计秒流量来确定。

(3) 压力罐的使用要求

压力罐属于压力容器,是有爆炸危险的承压设备。为了确保安全运行,必须严格贯彻国务院发布的《锅炉压力容器安全监察暂行条例》和国家劳动总局颁发的《压力容器安全监察规程》(以下简称《规程》)。

压力罐除设计、制造应严格执行《规程》中有关规定外，其使用也应该遵循《规程》中的有关规定。操作人员应经培训考试合格，应严格遵守安全操作规程和岗位责任制，并应经常保持附件安全、灵敏、可靠，发现不正常情况应及时处理。

为消除事故隐患，对压力罐应定期检验，检验工作由省、市、自治区劳动部门授权的单位进行。一般情况下，使用期达15年的容器，每2年至少进行一次内外部检验；使用期达20年的容器，每年至少进行一次内外部检验。由于结构原因，确认无法进行内部检验的容器，每3年至少进行一次耐压试验。

第三章 农村排水

第一节 农村排水系统概述

农村排水工程是乡村基础设施的重要组成部分。它的完善程度反映了我国农村城镇化的水平。随着农村经济的发展，农村交通、供电、供水事业有了长足的发展，排水事业也开始起步。党的十六届五中全会通过的《中共中央关于制定国民经济和社会发展第十一个五年规划的建议》指出："加强村庄规划和人居环境治理。引导和帮助农民切实解决住宅与畜禽圈舍混杂问题，搞好农村污水、垃圾治理，改善农村环境卫生。"因此，推动农村排水事业的发展，对于控制水体、保护环境，从而保障广大农村居民的身心健康，促进农村工农业生产的发展，具有重大的现实意义。

农村排水与城市排水基本相同，但也有自己的特点。

（1）我国各地农村经济发展很不平衡，而且财力有限，因此，农村排水只能按照当地的实际情况，因地制宜，分期分批建设，逐步普及和完善。

（2）我国农村居民居住点分散，村镇企业的布置分散，所以农村排水规模小且分散，要考虑进行分散式处理。

（3）在同一居住点上，大多数居民都从事同一生产活动，生活规律也较一致，所以排水时间相对集中，污水量变化较大。

（4）污水处理系统应适合农村的特点，尽量利用现有的坑塘洼地，有条件的最好采用氧化塘或土地处理系统，进行生态综合利用。

农村排水工程建设应以批准的村镇规划为主要依据，从全局出发，根据规划年限、工程规模、经济效益和环境效益，正确处理近期与远期、集中与分散、排放与利用的关系，充分利用现有条件和设施，因地制宜地选择投资较少、管理简单、运行费用较低的排水技术，做到保护环境，节约土地，经济合理，安全可靠。

一、农村排水的性质、组成

1. 生活污水

生活污水是指人们日常生活中使用过的水。它来自住宅、公共场所、学校、乡村医院、商店以及村镇企业中的生活间部分。

生活污水中含有较多的有机物，如蛋白质、动植物脂肪、碳水化合物、尿素和氨氮等，还含有肥皂和合成洗涤剂，以及在粪便中出现的病原微生物，如寄生虫卵和肠系传染病菌等。这类污水需要经过处理后才能排入水体、灌溉农田或再利用。

2. 工业废水

工业废水是指村镇企业生产过程中所排出的废水。各种企业的生产类别、工艺过程、原材料以及用水成分的不同，使工业废水的水质变化较大。根据污染程度的不同，可将工业废水分为生产废水和生产污水两类。

生产废水是指在使用过程中受到轻度污染或仅水温有所增高的水。如冷却水便属于这一类。通常将生产废水进行简单处理后即可复用，或直接排入水体。

生产污水是指在使用过程中受到严重污染的水。它大多含有有害或有毒物质，具有很大的危害性，需经适当处理后才能复用或排入水体。生产污水中的某些污染物质往往是宝贵的工业原料，应尽量将其回收利用。

3. 降水

降水是指地面上径流的雨水和冰雪融化水。它比较清洁，但径流量大，若不及时排除可使居住区、工厂等遭受淹没，交通受阻造成灾害，尤其是山区的山洪水入侵危害更甚。通常，暴雨历时短，径流时间集中，流量大，危害最严重。

农村污水实际上是生活污水和工业废水的混合液。它的性质随各种污水的混合比例和工业废水中污染物质特性的不同而异。需要将农村污水妥善处理后才能再利用。

二、农村排水系统的特点

1. 农村排水系统的体制

对于农村的生活污水、工业废水和雨水，所采取的汇集排除方式称为农村排水系统的体制，简称排水体制。它一般分为合流制和分流制两种类型。

（1）合流制排水系统

将生活污水、工业废水和雨水用一个管渠系统来汇集和排除的系统称为合流制排水系统。根据生活污水、工业废水和雨水汇集后的处置方式，可将合流制排水系统分为以下两种情况。

1）直泄式合流制

我国农村排水工程刚刚起步，经济尚不发达，建造污水处理厂能力不足。而且，生活污水量和工业废水量不大，直接泄入水体，对环境卫生和水体污染影响不大。因此，可将管渠的布置就近坡向水体，分若干排出口，混合后的污水未经处理直接泄入水体。

2）截流式合流制

这种体制是将管渠中合流的生活污水、工业废水和雨水，一起排向沿河的截流干管。晴天时全部输送到污水处理厂；雨天时当生活污水、工业废水和雨水的混合量超过一定数量时，其超出部分通过溢流井泄入水体。图3-1为截流式合流制排水系统的示意。

（2）分流制排水系统

将生活污水、工业废水和雨水分别用两个或两个以上各自独立的管渠来汇集和排除的系统，称为分流制排水系统。其中排除生活污水和生产污水的系统称作污水排水系统；

排除雨水和生产废水的系统称作雨水排水系统（图3-2）。

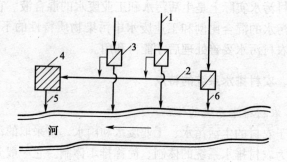

图 3-1　截流式合流制排水系统
1—合流干管；2—截流主干管；3—溢流井；
4—污水处理设施；5—出水口；6—溢流出水口

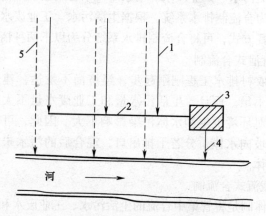

图 3-2　分流制排水系统
1—污水干管；2—污水主干管；3—污水处理设施；
4—出水口；5—雨水干管

　　由于排除雨水方式的不同，分流制排水系统又分为完全分流制和不完全分流制两种形式（图 3-3）。在村镇中，完全分流制排水系统具有污水排水系统和雨水排水系统，而不完全分流制只有污水排水系统，雨水沿地面、道路边沟和明渠泄入天然水体；或者为补充原有渠道输水能力的不足而修建部分雨水管道，待进一步发展后，将其转变为完全分流制排水系统。

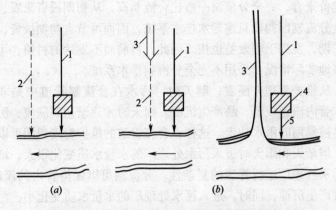

图 3-3 完全分流制及不完全分流制排水系统
(a) 完全分流制；(b) 不完全分流制
1—污水管道；2—雨水管渠；3—原有渠道；4—污水处理厂；5—出水口

2. 农村排水体制的选择

合理选择排水体制，是排水系统规划中一个十分重要的问题。它关系到整个排水系统是否实用，能否满足环境保护的要求，同时也影响到排水工程的总投资和经营费用。通常，排水体制的选择应满足环境保护的需要，根据当地经济条件，通过技术经济比较确定。

从环境保护方面看，采用截流式合流制，对控制和防止水体污染比较有利，但截流干管尺寸大，污水处理厂规模大，建设费用也相应增高。雨天仍有部分混合污水通过溢流井直接泄入水体，易对受纳水体造成周期性污染。分流制只将村镇中的生活污水和生产污水送往污水处理厂进行处理，这可降低污水处理厂的规模，节省建设费用。但较脏的初降雨水未加处理就直接泄入水体，也会对受纳水体造成污染。总而言之，分流制排水系统对于保护环境、防止水体污染要优于截流式合流制排水系统。

从造价方面看，合流制排水管渠系统的造价比完全分流制低 20%～40%，可是合流制的泵站和污水处理厂的造价却比分流制高。但由于管渠造价在排水系统总造价中占 70%～80%，所以从总造价来看，完全分流制一般比合流制高。从初期投资来看，不完全分流制因初期只建污水排水系统，因而可节省初期投资，缩短工期，发挥工程效益也快。因此，目前尚不发达的村镇，可根据当地实际情况，采用不完全分流制排水系统。

从维护管理方面看，晴天时，污水在合流制管道中是非满流，管内流速较低，易产生沉淀。雨天时才逐渐达到满流，沉淀物易被暴雨时雨水冲走。这样，合流管道的维护管理费用可以降低。但晴天和雨天时进入污水处理厂的水量水质变化很大，增加了污水处理厂运行管理的复杂性。分流制可以保持管内的流速，不致产生沉淀，同时，进入污水处理厂的水量水质变化小，污水处理厂的运行管理也较方便。

从施工方面来看，合流制管渠总长度短，管线单一，减少与其他地下管线和构筑物的交叉，管渠施工简单，对人口稠密、街道狭窄、地下设施较多的村镇更为适用。

总之，排水系统体制的选择，应根据村镇规划、环保要求、污水利用情况、原有排水设施、水质、水量、地形、气候和水体等条件，从全局出发，在满足环保要求的前提下，通过技术经济比较，综合考虑确定。农村排水制度应因地制宜地选择。新建地区宜采用分流制；现有合流制排水地区可随村镇改造和发展逐步完善排水设施；干旱地区可采用合流制。

三、农村排水系统的组成

1. 农村污水排除系统的组成

农村污水包括排入村镇污水管道的生活污水和工业废水。这些用以收集和排除村镇污水的管道系统称为村镇污水排除系统。它一般由以下部分组成。

（1）室内污水管道系统和设备

室内污水管道系统和设备的作用是收集生活污水，并将其排出至室外庭院或街坊污水管道中去。

（2）室外污水管道系统

埋设在地面下依靠重力流输送污水至泵站、污水处理厂或水体的管道系统称为室外污水管道系统。它分为庭院或街坊管道系统和街道管道系统。

1）庭院或街坊管道系统。敷设在一个庭院下，并连接各房屋出户管的管道系统称为庭院管道系统。敷设在一个街坊下，并连接一群房屋出户管或整个街坊内房屋出户管的管道系统称为街坊管道系统。生活污水经室内管道系统流入庭院或街坊管道系统，然后再流入街道管道系统。为了控制庭院或街坊污水管道并使其良好地工作，在该系统的终点设置检查井，称为控制井。控制井通常设在庭院内或房屋建筑界线内便于检查的地点。

2）街道污水管道系统。敷设在街道下用以排除庭院或街坊管道流来的污水。在一个村镇内，该系统由支管、干管、主干管组成。

支管承接由庭院或街坊污水管道流来的污水。干管汇集输送由支管流来的污水。主干管汇集输送由两个或两个以上干管流来的污水。污水经主干管输送至总泵站、污水处理设施等。

（3）污水泵站及压力管道

污水一般以重力流排除，但当受到地形等条件限制重力流有困难时，就需要设置泵站。压送从泵站流出的污水至高地自流管道或污水处理厂的承压管段，称压力管道。

（4）污水处理设施

供处理和利用污水、污泥的一系列构筑物及附属构筑物的综合体称为污水处理设施。它通常设置在河流的下游地段，并与居民点或公共建筑保持一定的卫生防护距离。

（5）出水口及事故排出口

污水排入水体的渠道和出口称出水口，它是农村污水排除系统的终端设备。事故排出口是指在污水排除系统的中途，在某些易于发生故障的组成部分前面，设置的辅助性出水渠。一旦发生故障，污水就通过事故排出口直接排入水体。

2. 农村工业废水排除系统的组成

在村镇企业中，有些工业废水是直接排入污水管道或雨水管道的，不单独形成排水系统，而有些工厂需单独设置工业废水排除系统，它主要由下列各个部分组成：

（1）车间内部管道系统和排水设备。
（2）厂区管道系统及附属设备。
（3）污水泵站及压力管道。
（4）废水处理站。
（5）出水口。

3. 雨水排除系统的组成

雨水排除系统，主要由下列各部分组成：

（1）房屋的雨水管道系统和设备。
（2）街坊或厂区雨水管渠系统。
（3）街道雨水管渠系统。
（4）排洪沟。
（5）出水口。

上述各排水系统的组成部分，对每一个具体的排水系统来说并不一定都完全具备，必须结合当地具体条件来确定排水系统内所需要的组成部分。

四、农村排水系统与村镇企业排水系统的关系

在规划村镇企业排水系统时，对于工业废水的治理，应从改革生产工艺和技术革新入手，力求把有害物质消除在生产过程中，做到不排或少排废水。对于必须排入农村排水管道的工业废水，其水质应符合《污水排入城市下水道水质标准》（CJ 3082—1999）中的有关规定；若须进行生物处理，其水质还应符合《污水综合排放标准》（GB 8978—1996）或《城镇污水处理厂污染物排放标准》（GB 18918—2002）中的有关规定。当村镇企业排出的工业废水，不能满足上述要求时，应在厂区内设置废水局部处理设施，将废水处理至符合要求后，再排入农村排水管道。

第二节 农村污(雨)水管网与构筑物

一、农村污水管道系统

在农村排水工程的规划设计中,应首先选择排水体制。当排水体制确定为分流制时,就可分别进行污水管道系统和雨水管渠的设计。

污水管道系统是收集农村污水的管道及其附属构筑物。应以批准的村镇总体规划和排水系统规划为依据。主要设计内容是在地形图上划分排水区域,布置管道系统,计算污水设计流量,进行管道水力计算,从而确定污水管道管径、设计坡度、埋设浓度。确定污水管道在道路横断面上的位置,绘制管道平面图和纵剖面图,进行工程施工。要充分考虑农村排水的多样性,因地制宜地确定适合本地区的排水方式。

1. 农村污水量

污水管道系统设计的主要任务,在于正确地决定污水设计流量。污水设计流量是污水排水系统各项设备和构筑物应保证通过的污水量。通常以最高日最高时流量作为污水管道系统的设计流量。农村污水包括农村生活污水、工业废水和雨水三部分,分别计算出它们的设计流量,将它们累加便得到污水设计流量。

2. 污水管道系统的布置

(1) 确定排水区界、划分排水区域

排水区界是污水排除系统设置的界限。在排水区界内,一般按地形划分排水流域。在地势起伏及丘陵地区,流域分界线与分水线基本一致,每个排水流域就是由分水线围成的地区。在地势平坦的地区,可按面积的大小划分,使相邻流域的管道系统负担合理的排水面积,每个流域的污水都能自流排水。

(2) 管道定线和平面布置的组合

在村镇地形图上确定污水管道的位置和走向，称为污水管道的定线。它一般按主干管、干管、支管的顺序依次进行。定线应遵循的主要原则是：尽量以较短的管线和较小的管道埋深，使最大区域内的污水能自流排出。

1）影响污水管道系统平面布置的因素

① 村镇地形和水文地质条件。

② 村镇的远景和竖向规划及修建顺序。

③ 排水体制、污水处理厂和出水口位置。

④ 排水量大的村镇企业和公共建筑的分布情况。

⑤ 道路宽度和交通情况。

⑥ 地下管线和其他地面上下障碍物的分布情况。

2）污水管道系统平面布置的方法

① 根据村镇地形特点和污水处理设施、出水口的位置，利用地形，先布置主干管。主干管一般布置在排水流域内较低的地带，沿集水线或河岸等低处敷设，以便干管的污水能自流汇入。

② 干管一般沿村镇道路布置。通常设在污水量较大、地下管线较少一侧的人行道、绿化带或慢车道下，便于施工和养护管理。

③ 支管的布置取决于地形和街坊建筑特征，并应便于用户接管排水。

④ 污水管道应避免穿越河道、铁路、地下建筑或其他障碍物，尽量减少与其他地下管线的交叉。

⑤ 尽可能顺坡排水，使管道的坡度与地面坡度一致，以减小管道的埋深。为节省工程造价和经营管理费，要尽量不设或少设中途提升泵站。

(3) 控制点的确定和泵站的设置地点

在污水排水区界内，对管道系统的埋深起控制作用的地点称为控制点。各条管道的起点大都是这条管道的控制点。这些控制点中离出水口最远最低的一点，通常是整个管道系统的控制点。

该点的管道埋深,决定了整个管道系统的埋深。

确定控制点的管道埋深,一方面应根据其竖向规划,保证排水区界内各点的污水都能够排出,并考虑发展,在埋深上适当留有余地。另一方面,不能因照顾个别控制点而增加整个管道系统的埋深。对此通常采取加强管材强度,填土提高地面高程以保证最小覆土厚度,设置泵站提高管位等措施,减小控制点的管道埋深,从而减小整个管道系统的埋深,降低工程造价。

(4) 污水管道的布置

1) 污水管道在道路上的位置

污水管道是重力流管道,它的埋设深度较大,并且有很多的连接支管,所以在设计污水管道在道路上的位置时,通常考虑在平面和竖向两个方向上的位置。在确定污水管道平面和竖向方向的位置时,应与各种地下管线和设施的位置联系起来综合考虑。污水管道与其他地下管线和设施之间的相互位置,应满足如下要求:① 保证在敷设和检修管道时互不影响;② 污水管道损坏时,不致影响附近建筑物及基础,不致污染生活饮用水。

2) 污水管道的埋设浓度

管道埋设深度是指管道内壁底到地面的距离。有时也可用管道外壁顶部到地面的距离,即覆土厚度表示,如图3-4所示。

为了降低造价,缩短工期,管道的埋设深度越小越好。但管道覆土厚度有一个最小限值,称为最小覆土厚度,应满足下述三个因素。

① 必须防止管道内的污水冰冻和因土壤冰冻膨胀而损坏管道。

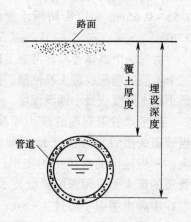

图3-4 管道埋设浓度与覆土厚度

生活污水温度较高，即使冬天，水温也不低于4℃。很多工业废水的温度也较高。此外，污水管道按一定坡度敷设，管内污水经常保持一定的流量，以一定的流速不断流动。因此，污水在管道内是不会冰冻的，管道周围的土壤也不会冰冻。

《室外排水设计规范》（GB 50014—2006）规定：一般情况下，排水管道宜埋设在冰冻线以下。当该地区或条件相似地区有浅埋经验或采取相应措施时，也可埋设在冰冻线以上，其浅埋数值应根据该地区经验确定。

② 必须防止管壁因地面荷载而被破坏，为此，要有一定的管顶覆土厚度。这一覆土厚度取决于管材的强度、地面荷载的大小及荷载的传递方式等因素。《室外排水设计规范》（GB 50014—2006）规定：管顶最小覆土深度，应根据管材强度、外部荷载、土壤冰冻深度和土壤性质等条件，结合当地埋管经验确定。管顶最小覆土深度宜为：人行道下 0.6m，车行道下 0.7m。

③ 必须满足道路连接管在衔接上的要求。在气候温暖的平坦地区，管道的最小覆土厚度取决于室内污水出户管的埋深。道路污水管必须承接街坊污水管，而街坊污水管又必须承接室内污水出户管。从安装技术上讲，室内污水出户管的最小埋深一般为 0.55~0.65m。所以街坊污水管起端的埋深一般不小于 0.60~0.70m。

对每一个具体管段，考虑上述三个不同的技术要求，可得到三个不同的埋深或覆土厚度值。其中的最大值即为该管段的允许最小覆土厚度或最小埋设深度。

除考虑管道起端的最小埋深外，尚应考虑最大埋深问题。当管道的敷设坡度大于地面坡度时，管道的埋深就会越来越大，平坦地区的村镇更为突出。埋深越大，则工程造价愈高。管道的最大允许埋深应根据技术经济指标和施工方法确定。一般在干燥土壤中不超过 7~8m；在多水、流沙、石灰岩地层中不超过 5m。

（5）污水管道的衔接

污水管道在管径、坡度、高程、方向发生变化及支管接入的地方都需要设置检查井。在检查井中，必须考虑上下游管道衔接时的高程关系。管道衔接应遵循以下两个原则：

1）尽可能提高下游管段的高程，以减少管道埋深，降低造价。

2）避免在上游管段中形成回水造成淤积。

管道通常有水面平接和管顶平接两种衔接方法。

水面平接是指在水力计算中，使上游管段终端和下游管段起端在设计充满度条件下的水面相平，即水面标高相同。它一般用于上下游管径相同的污水管道的衔接。

管顶平接是指在水力计算中，使上游管段终端和下游管段起端的管顶标高相同。它一般用于上下游管径不相同的管道衔接。

无论采用哪种衔接方法，下游管段起端的水面和管底标高都不得高于上游管段终端的水面和管底标高。

旁侧管与干管交汇处，若旁侧管的管底标高比干管的管底标高高很多，需在旁侧管道上设跌水井，以保证干管有良好的水力条件。

3．污水管道的水力计算

（1）污水管道中污水流动的特点

1）污水在管道中的流动是重力流。

2）污水中虽含有一定数量的悬浮物，但仍可认为污水的流动遵循水力学规律，设计时可采用水力学公式进行计算。

3）污水在管道中的流速虽然随时都在变化，但仍可认为管内污水的流动接近均匀流。设计时每一设计管段都按均匀流公式计算。

（2）污水管渠的断面形式

排水管渠的断面形式必须满足静力学、水力学及经济上和养护管理上的要求。在静力学方面，在承受各种荷载时是稳定的和坚固的。在水力学方面，管道断面应具有最大的排水能力，并在一定的流速下不产生沉淀物。在经济方面，管道造价应该最低。

在养护方面,管道断面应便于冲洗和清通,不产生淤积。

村镇污水管渠常用的断面形式有圆形、矩形和梯形等,如图3-5所示。

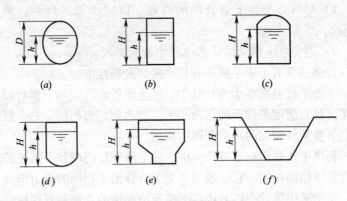

图 3-5 常用管渠断面
(a) 圆形;(b) 矩形;(c) 拱顶矩形;(d) 弧形流槽的矩形;
(e) 带低流槽的矩形;(f) 梯形

圆形断面有较好的水力性能,在一定的坡度下,一定的断面积具有最大的水力半径,因而流速大,流量也大。此外,圆管便于预制、节省材料、受力条件好。若沟槽形式与管道相对称,能获得较高的稳定性。在运输和施工养护方面也较方便。因此,在排水工程中,圆管是最常用的一种断面形式。

矩形断面可以就地浇制或砌筑,并按需要将深度增加,以增大排水量。某些村镇企业的污水管道及路面狭窄地区的排水管道常采用这种形式。

不少村镇在矩形渠道底部用细石混凝土或水泥砂浆做成弧形流槽,以改善水力条件。也可在矩形渠道内做低流槽,这种组合的矩形断面适用于合流制排水管渠,晴天时污水在流槽内流动,以保持一定的充满度和流速,从而减少淤积。

梯形断面适用于明渠,它的边坡取决于土壤性质和铺砌材料。

(3) 污水管道水力计算的基本公式

污水管道水力计算的目的，在于合理、经济地选择管道断面尺寸、坡度和埋深。根据前面所述，目前在污水管道的水力计算中仍采用均匀流公式。具体计算可参照给水排水设计手册。

(4) 污水管道水力计算的设计规定

1) 设计充满度

在设计流量下，污水在管道中的水深 h 和管道直径 D 的比值称为设计充满度。当 $h/D=1$ 时称为满流；$h/D<1$ 时称为不满流。《室外排水设计规范》(GB 50014—2006) 规定，污水管道按不满流进行设计，其最大设计充满度如表 3-1 所示。

最大设计充满度　　　　　　　　表 3-1

管径或渠高 (mm)	最大设计充满度
200~300	0.55
350~450	0.65
500~900	0.70
≥1000	0.75

注：在计算污水管道充满度时，不包括短时突然增加的污水量，但当管径小于或等于300mm时，应按满流复核。

2) 设计流速

设计流速是指管渠在设计充满度条件下，排泄设计流量时的平均流速。为了防止流速过小污水在管道内产生沉淀淤积，或流速过大对管壁产生冲刷，损坏管道，《室外排水设计规范》(GB 50014—2006) 要求，设计流速不宜过小或过大，应在最小允许流速和最大允许流速范围内。

最小允许流速是保证管道内不发生沉淀淤积的流速。污水管道的最小允许流速为 0.6m/s。而含有重金属、矿物固体或重油杂质的生产污水管道，其最小允许流速宜根据经验适当加大，有时要通过调查研究确定。

最大允许流速是保证管道不被冲刷损坏的流速。该值与管道材料有关，通常，金属管道的最大允许流速为 10m/s，非金属管道的最大允许流速为 5m/s。

明渠的最小允许流速为 0.4m/s，最大允许流速，当水流深度为 0.4~1.0m 时，宜按表 3-2 选用。

明渠最大设计流速　　　　　表 3-2

明渠类别	最大设计流速（m/s）
粗砂或低塑性粉质黏土	0.8
粉质黏土	1.0
黏土	1.2
草皮护面	1.6
干砌块石	2.0
浆砌块石或浆砌砖	3.0
石灰岩和中砂岩	4.0
混凝土	4.0

注：当水流深度在 0.4~1.0m 范围以外时，表列最大设计流速宜乘以下列系数：
　　$h < 0.4$m　　　0.85；
　　$1.0 < h < 2.0$m　　1.25；
　　$h \geqslant 2.0$m　　　1.40。
　　h 为水深。

3）最小设计坡度

在均匀流情况下，水力坡度等于水面坡度，即管底坡度。相应于最小允许流速的坡度，就是最小设计坡度，即保证管道不发生沉淀淤积时的坡度。通常对同一直径的管道，只规定以满流或半满流时的最小坡度作为最小设计坡度。

4）最小管径

一般在污水管道系统的上游，设计流量都很小，因此设计管径也很小。根据养护经验证明，管径过小极易堵塞。此外，采用较大的管径，可选用较小的坡度，从而使管道埋深减小。因此，为了养护工作的方便，常规定一个允许的最小管径。若按设计流量计算确定的管径小于最小管径，则应采用规定的最小管径。

《室外排水设计规范》（GB 50014—2006）要求：排水管道的最小管径与相应最小设计坡度，宜按本规范表3-3的规定取值。

最小管径与相应最小设计坡度　　　　表3-3

管 道 类 别	最小管径（mm）	相应最小设计坡度
污水管	300	塑料管0.002，其他管0.003
雨水管和合流管	300	塑料管0.002，其他管0.003
雨水口连接管	200	0.01
压力输泥管	150	—
重力输泥管	200	0.01

（5）污水管道水力计算的方法

污水管道系统平面布置完成后，在进行管道水力计算之前，首先要划分设计管段，确定设计管段的起讫点，然后计算每个管段的设计流量，以进行水力计算。

1）划分设计管段

对于两个检查井之间的连续管段，如果流量不变，且采用同样的管径和坡度时，则称为设计管段。但在划分设计管段时，不需要把每个检查井都作为设计管段的起讫点。估计可以采用同样管径和坡度的连续管段，就可划分为一个设计管段。根据管道平面布置图，凡有集中流量流入、有旁侧管道接入的检查井均可作为设计管段的起讫点。设计管段的起讫点应依次编号，然后计算每一设计管段的设计流量。

2）设计管段的设计流量（图3-6）

① 本段流量 q_1：是从本管段沿线街坊流来的污水量。

② 转输流量 q_2：是从上游管段和旁侧管段流来的污水量。

③ 集中流量 q_3：是从工业企业或其他产生大量污水的建筑物流来的污水量。

管段设计流量等于本段流量、转输流量和集中流量三者之和。

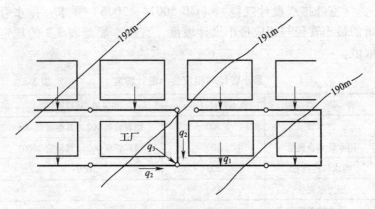

图 3-6 设计管段的设计流量

3) 管道的水力计算

在设计流量确定后,即可从上游管段开始,进行各设计管段的水力计算。在污水管道的水力计算中,污水流量通常已知,而需要确定管道直径和坡度。所确定的管道直径,须在规定的设计充满度和设计流速条件下,能够排泄设计流量。管道坡度的确定应考虑地面坡度和最小坡度。一方面要使管道尽可能与地面坡度平行,以减小埋深,另一方面也必须满足流速要求,使管道不发生淤积和冲刷。

4) 水力计算的方法和步骤

① 将各设计管段进行编号。

② 计算出各设计管段的地面坡度,作为设计管段的参考。

③ 依据管段的设计流量,参考地面坡度,按照水力计算有关规定进行水力计算。

④ 根据求得的管径和充满度确定管道中水深。

⑤ 根据求得的管段坡度和长度计算管段的降落量值。

⑥ 确定管段起点管内底标高。

⑦ 根据管段起点管内底标高和降落量计算管段终点管内底标高。

⑧ 根据管段终点地面标高和管内底标高起点终点管底埋深。

⑨ 根据各点管内底标高和管道中水深，确定管段起点和终点的水面标高。

⑩ 检查井下游管段管内底标高根据管道在检查井内采用的衔接方法来确定。

5）污水管道平面图和纵剖面图的绘制

污水管道的平面图和纵剖面图，是污水管道设计的主要图纸。

初步设计中，管道平面图只限于干管和主干管。在平面图上，应画出地面建筑物和管线的位置，并附有指北针。污水管道用粗单实线表示，在管线上画出检查井的位置并编号。每一设计管段应注明长度、管径和坡度。图纸的比例尺通常采用 1:1 000～1:2 000。

技术设计或施工图设计中，管道平面图上除反映初步设计的要求外，还要标明检查井的准确位置、其他地下管线和地下构筑物交叉点的位置，居住区街坊连接管或工厂废水排出管接入干管的位置和标高，还要标明管线图例及施工说明等。比例尺常采用 1:500～1:2 000。

纵剖面图反映管道沿线高程位置，它是和平面图相对应的。纵剖面图上应用细单实线表示出地面高程线，用粗双实线表示管道高程线，检查井及沿线支管接入处的位置、管径、标高，与其他地下管线或障碍物交叉的位置、标高，沿线钻孔位置和地质情况。在剖面图下方还要注明检查井编号、管径、管道长度、地面标高和管内底标高以及管道材料和基础类型，有时也将全部水力计算数据注上。纵剖面图的比例尺常采用水平方向 1:500～1:1 000，垂直方向 1:50～1:100。

为便于平面图与纵剖面图的对照查阅，往往将平面图、剖面图绘在一张图纸上。

除平面图、剖面图外，设计图中还包括管道附属构筑物的详图，管道交叉点特殊处理的平面图、剖面图，附属构筑物可选用标准图。

二、农村雨水管渠系统

雨水落到地面，由于地表覆盖的不同，一部分渗入地下，一部分蒸发掉了，一部分滞留在地面的低洼处，而剩下的雨水则沿地面的自然坡度进入雨水管渠，通过出水口排入附近水体。排水工程中把这部分雨水称作地表径流。地表径流的总量并不大，即使在我国雨量充沛的长江以南地区，在同一面积上，全年的雨水总量也不过和全年的生活污水量相近，而地表径流量还达不到雨水量的一半。但是全年雨水的绝大部分常在极短的时间内倾泻而下，形成较大的地表径流量，若不及时排除，将会造成巨大的危害。雨水设计流量的确定，是为雨水管渠系统的设计提供依据，它的大小与地区降雨强度、地面情况、汇水面积的大小等因素有关。

1. 农村雨水流量

农村雨水管渠系统，属于小汇水面积上的排水构筑物，其雨水设计流量按下式计算：$Q=\psi qF$，即径流系数、设计降雨强度、汇水面积三者的乘积。

2. 农村雨水管渠布置

（1）雨水管渠系统布置原则

1）充分利用村镇地形，就近排入水体。雨水管渠应尽量利用自然地形坡度布置，以最短的距离靠重力流将雨水排入附近的池塘、河流等地表水体中。

一般情况下，当地形坡度较大时，雨水干管宜布置在地形低处或溪谷线上；当地形平坦时，雨水干管宜布置在排水流域的中间，以便尽量扩大重力流排除雨水的汇水面积。

当雨水经管道排入池塘或小河时，由于出水口构造简单，造价低，且就近排放，管线短，管径小，因此，雨水干管宜采用分散出水口式的布置形式，这在技术和经济上都是合理的。

但当河流的水位变化很大，管道出水口离常水位较远时，出水口的构造就较复杂，且造价高，就不宜采用过多的出水口。这时宜采用集中出水口式的管道布置形式。当地形平坦,且地面平均标高低于河流的洪水位标高时,需将管道适当集中,在出水口前设雨水泵站,经抽升后排入水体。这时,应尽可能使通过雨水泵站的流量减少到最小,以节省泵站的工程造价和运行费用。

2)根据村镇规划布置雨水管道。通常应根据建筑物的分布、道路布置及街坊内部的地形、出水口位置等布置雨水管道,使雨水以最短距离排入街道低侧的雨水管道。

雨水管道应平行道路敷设,宜布置在人行道下,而不宜布置在快车道下,以免积水时影响交通或维修管道时破坏路面。

3)为便于行人越过街道,雨水口的布置应使雨水不致漫过路口。因此一般在道路交叉口的汇水点、低洼处和直线道路上一定距离处设置雨水口,如图3-7所示。

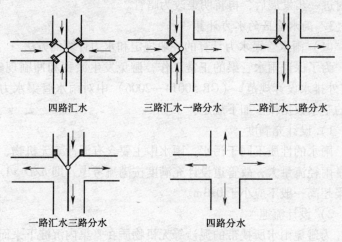

图3-7 雨水口布置

4)在农村排水工程规划中,应尽量利用村镇中现有的坑塘洼地,有计划地开挖一些池塘,以储存暴雨形成的一部分径流量,从而减小管渠断面积,节约造价。同时,所储存的雨水可供游览、娱乐之用。在缺水地区的村镇,应尽量利用池塘的调蓄能力,以备农田灌溉或做他用。

5)设置排洪沟排除村镇以外的雨水、洪水。对于靠近山麓的村镇,除在村镇内设置雨水管道外,尚应考虑在设计镇区周围或越过设计镇区设置排洪沟,以拦截从镇区以外分水岭以内排泄下来的洪水,并将其引导入附近水体,以保证村镇的安全。

(2)农村雨水管渠形式选择

雨水管渠采用明渠或暗管应结合具体条件确定。采用明渠虽然可以降低工程造价,但会使道路的横向和竖向设计受到限制,增加桥涵费用。若养护管理不善,明渠容易淤积,滋生蚊蝇,影响环境卫生。所以,作为经济发达的农村,一般可采用暗管排除雨水。但在某些建筑密度较低,交通量较小,经济不太发达的农村,可考虑采用明渠排除雨水,以节省工程费用,降低造价。待农村进一步发展后,再将明渠改为暗管。

3. 雨水管区的水力计算

(1)雨水管渠水力计算的一般规定和水力计算的方法

为了保证雨水管渠的正常工作,避免发生淤积和冲刷现象,《室外排水设计规范》(GB 50014—2006)中对雨水管渠水力计算的基本数据作了如下规定:

1)设计充满度

雨水的性质不同于污水,雨水中主要含有泥沙等无机物,又因暴雨径流量大,故管道设计充满度按满流考虑,即 $h/D=1.0$,明渠超高一般不应小于0.3m。

2)设计流速

为避免雨水所挟带的泥沙等无机物质在管渠内沉淀下来而堵塞管道,《室外排水设计规范》(GB 50014—2006)规定:满流时管道内最小流速为0.75m/s,明渠内最小流速为0.4m/s。

为了防止管渠受到冲刷而损坏,其最大流速的规定与污水管渠相同。

3)最小管径(断面)和最小坡度

雨水支干管的最小管径为300mm，最小设计坡度为0.002；雨水口连接管最小管径为200mm，设计坡度不小于0.01；梯形明渠最小底宽为0.3m，铺砌明渠的边坡一般采用1:0.75～1:1.1，土明渠一般采用1:1.5～1:1.2。

4) 最小埋深与最大埋深

具体规定与污水管道相同。

5) 管渠的断面形式

雨水管渠一般采用圆形断面，当直径超过2000mm时也可采用矩形、半椭圆形或马蹄形的断面，明渠一般采用梯形断面。

雨水管渠水力计算公式和水力计算方法与污水管渠基本相同。

(2) 雨水管渠系统设计步骤

雨水管渠系统设计通常按以下步骤进行：

1) 进行雨水管渠系统的平面布置

根据城镇或工业企业地形图、规划图或总平面布置图，按设计地区的地形分水线划分成几个排水流域。如地形平坦无明显分水线时，按城市主要街道的汇水面积划分排水流域。

按照雨水管渠系统的布置原则，确定雨水管渠系统的布置形式、雨水出路以及雨水支干管渠的具体平面位置。

2) 划分设计管段

根据管道的具体位置，在管道转弯处、管径或坡度改变处有支管接入处或管道交汇处以及超过一定距离的直线管段上，都应设置检查井。把两个检查井之间的流量没有变化，且预计管径和坡度也没有变化的管段定为设计管段，并从管段上游向下游依次进行编号。

雨水管渠设计管段的划分方法与污水管渠设计管段的划分方法相同。

3) 划分并计算各设计管段的汇水面积

各设计管段汇水面积的划分，应结合地形坡度、汇水面积的大小以及雨水管道布置等情况来确定。当地形较平坦时，可按就近排入附近雨水管道的原则来划分汇水面积；当地形坡度较大时，应按地面雨水径流的水流方向划分汇水面积，并计算各管段的汇水面积。

4) 确定当地暴雨强度公式及各排水流域的平均径流系数值、设计降雨重现期、地面集水时间 t_1 及管道起点的埋设深度。

5) 列表进行雨水干管及支管的水力计算。计算从上游向下游依次进行，通过计算求得各管段的雨水设计流量，并确定出各管段的管渠断面尺寸、管渠坡度、流速、管底标高及管道埋深等数值。

6) 根据管渠水力计算结果，绘制雨水管渠平面图及纵剖面图。

4. 合流制排水管渠设计简介

(1) 合流制管渠系统的使用条件

合流制管渠系统是在同一管渠内排除生活污水、工业废水和雨水的管渠系统。所以管线单一，管渠的总长度减少，但合流制截流管、提升泵站及污水处理厂都较分流制大，截流管的埋深也比单设的雨水管埋深大。在暴雨天，有一部分生活污水、工业废水和雨水的混合污水溢入水体，使水体受到一定程度的污染。晴天时，旱流流量很小，流速很低，往往在管底造成淤积，降雨时雨水将沉积在管底的大量污物冲刷起来带入水体，形成污染。一般在下述情形下可考虑采用合流制。

1) 排水区域内有一处或多处水源充沛的水体，其流量和流速都足够大，一定量的混合污水排入后对水体造成的污染危害程度在允许的范围以内。

2) 村镇基础建设比较完善，必须采用暗管排除雨水，而街道横断面又较窄，管道的设置位置受到限制时，可选用合流制。

3) 地面有一定的坡度倾向水体，当水体高水位时，岸边不受淹没。污水在中途不需要泵提升。

因此，在采用合流制管渠系统时，首先应满足环境保护的要求，保证水体所受的污染程度在允许的范围内，才可根据当地村镇建设和地形条件合理选用合流制管渠系统。

(2) 合流制管渠系统的布置特点

合流制管渠系统常采用截流式合流制，它的布置特点是：

1) 管渠的布置应使所有服务面积上的农村污水和雨水都能合理地排入管渠，并能以可能的最短距离坡向水体。

2) 沿水体岸边布置与水体平行的截流干管，在截流干管与合流干管交汇处的适当位置上设置溢流井，使超过截流干管设计输水能力的那部分混合污水能顺利地通过溢流井就近排入水体。

3) 合理地确定溢流井的数目和位置，以尽量减少对水体的污染，减小截流干管的尺寸和排放渠道的长度。从对水体的污染情况看，合流制管渠系统中的初期雨水虽被截流处理，但溢流的混合污水总比一般雨水脏，为改善水体卫生状况，保护环境，溢流井的数目宜少，其位置应尽可能设置在水体的下游。从经济上讲，为了减小截流干管的尺寸，溢流井数目宜多，这可使混合污水及早溢入水体，降低截流干管下游的设计流量。但是，溢流井过多，会增加溢流井和排放渠道的造价，特别是在溢流井离水体较远，施工条件困难时更是如此。当溢流井的溢流堰口标高低于水体的最高水位时，需在排放渠道上设置防潮门、闸门或排涝泵站，为减少泵站造价和便于管理，溢流井应适当集中，不宜过多。

4) 在合流制管渠系统的上游排水区域内，如果雨水可沿地面的街道边沟排泄，则该区域可只设污水管道。只有当雨水不能沿地面排泄时，才考虑布置合流管渠。

目前，我国许多村镇由于受经济条件的限制，尚不能建立完善分流制排水系统，在这种情况下，根据当地的具体条件，采用截流式合流制排水系统则可能是比较有利的。也可以采用只设污水管道，雨水采用道路排水的方式进行。

三、排水管渠及构筑物

1. 排水管渠材料

（1）排水管渠必须具有足够的强度，以承受土壤压力及车辆行驶造成外部荷载和内部压力以及在运输和施工过程中不致损坏。

（2）排水管渠应有较好的抗渗性能。必须不透水，以防污水渗出和地下水渗入而破坏附近建筑物的基础，污染地下水及影响排水能力。

（3）排水管渠应具有较好的抗冲刷、抗磨损及抗腐蚀能力，以使管渠经久耐用。

（4）排水管渠应具有良好的水力条件，管内壁要光滑，以减少水流阻力，减少磨损，还应考虑就地取材，以降低施工费用等。

管渠材料的选择，应根据污水的性质、管道承受的内外压力、埋设地点的土质条件等因素确定。

常用排水管渠材料有：混凝土、钢筋混凝土、石棉水泥、陶土、铸铁、塑料等。一般压力管道采用金属管或钢筋混凝土管；在施工条件较差或地震地区，重力流管道常采用陶土管、石棉水泥管、混凝土管及钢筋混凝土管、塑料管等。

2. 常用的排水管渠

（1）混凝土管及钢筋混凝土管

混凝土管及钢筋混凝土管制作方便，造价较低，耗费钢材少，所以在室外排水中应用广泛。其主要缺点是：易被含酸、碱废水侵蚀；重量较大，因而搬运不便；管节长度短，接口较多等。

混凝土管和钢筋混凝土管的构造形式有承插式、企口式、平口式3种，如图3-8所示。管道接口作法见《给水排水标准图集》S222。混凝土管的直径一般不超过500mm，当直径较大时，为了增加管子强度，加钢筋制成钢筋混凝土管。如果将钢筋加以应力处理，便制成预应力钢筋混凝土管，但是这种管材使用不多，只有在承受内压较高，或对管材抗弯、抗渗要求较高的特殊工程中采用。

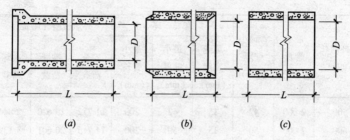

图 3-8 管子接口形式
(a) 承插式;(b) 企口式;(c) 平口式

钢筋混凝土管按照荷载要求,又分为轻型钢筋混凝土管和重型钢筋混凝土管。其部分管道规格见表 3-4、表 3-5。

混凝土排水管规格　　　　　　　表 3-4

公称内径 (mm)	最小管长 (mm)	管最小壁厚 (mm)	外压试验 (N/m²)	
			安全荷载	破坏荷载
200	1 000	27	9 810	11 772
250	1 000	33	11 772	14 715
300	1 000	40	14 715	17 568
350	1 000	50	18 639	21 582
400	1 000	60	22 563	26 487
450	1 000	67	26 487	31 392

钢筋混凝土排水管规格　　　　　　　表 3-5

公称内径 (mm)	最小管长 (mm)	管最小壁厚 (mm)	套环			外压试验 (N/m²)		
			填缝宽度 (mm)	最小壁厚 (mm)	最小管长 (mm)	安全荷载	裂缝荷载	破坏荷载
200	2 000	27	15	27	150	11 772	14 715	19 620
300	2 000	30	15	30	150	10 791	13 734	17 658
400	2 000	35	15	35	150	10 791	17 658	23 544

续表

公称内径 (mm)	最小管长 (mm)	管最小壁厚 (mm)	套环			外压试验 (N/m²)		
			填缝宽度 (mm)	最小壁厚 (mm)	最小管长 (mm)	安全荷载	裂缝荷载	破坏荷载
500	2 000	42	15	42	200	11 772	19 620	2 844
600	2 000	50	15	50	200	14 715	20 601	3 139
800	2 000	65	15	65	200	7 848	26 487	43 160
1 000	2 000	75	18	75	250	19 620	32 373	5 787

(2) 陶土管

陶土管又称缸瓦管，其表面有无釉、单面釉和双面釉3种。带釉的管道表面光滑、耐磨损，抗渗性能和抗腐蚀性能好，适用于排除腐蚀性工业废水。

一般陶土管有效长度仅为400~800mm，管径不超过500mm。这种管材性脆，强度低，不能承受内压，管节短，接口多。

陶土管的接口形式一般为承插式和平口式，常用1:2.5水泥砂浆接口。

表3-6为部分陶土管规格表。

陶土管管材规格表　　　　　表3-6

管径 D (mm)	管壁厚 △ (mm)	管长 z (m)	管重 (kg/根)	备 注
150	19	0.9	25	
200	20	0.9	28.4	$D=150~350mm$
250	22	0.9	45	安全内压为29.4kP
300	26	0.9	67	$D=400~600mm$
350	28	0.9	76.5	安全器压力19.6kPa
400	30	0.9	84	吸水率为11%~15%
450	34	0.7	110	耐酸度为95%以上
500	36	0.7	130	
600	40	0.7	180	

(3) 石棉水泥管

石棉水泥管常做成平口式，用套环连接。管径在 750～1 000mm，长为 3～5m。可按需要做成高压管和低压管，分别用于压力流和重力流管道。

石棉水泥管的优点是：强度较大，抗渗性好，表面光滑，重量轻。石棉水泥管长度较大，接头较少。但石棉水泥管质脆，耐磨性稍差。

(4) 金属管

常用的金属管有排水铸铁管、钢管等，其优点是：强度高、抗渗性好、内壁光滑、水流阻力小、抗压及抗震性能强，而且每节管较长，接头少。但是价格较贵，抗酸碱腐蚀性较差。适用于压力管道及对渗漏要求特别高的管段，如排水泵站的进出水管、穿越铁路、高速公路、严重流砂地段、地震区等。使用金属管道时，必须进行防腐处理，以防污水和地下水侵蚀损坏管道。

为节约钢材，降低排水工程造价，应少用金属管材。

(5) 大型排水管渠

当管渠需要更大口径时，可建造大型排水渠道。一般多采用矩形、拱形、马蹄形等断面。砌筑大型排水渠道的材料有砖、石、混凝土块或现浇钢筋混凝土等，可根据当地材料供应情况，按就地取材的原则选择。

图 3-9 为矩形钢筋混凝土渠道，图 3-10 为由拱圈、侧墙、基础三部分组成的拱形混凝土渠道。在地基承载力较高的地区，可采用混凝土或条石做基础，条石侧墙、拱圈可按施工条件，采用预制砌块或整体浇筑，亦可采用砖砌块和部分土砌块。

(6) 塑料管

塑料管材在国外已普遍采用，近几年在国内也开始使用。这种管材的优点是耐腐蚀，内壁光滑，水力条件好，重量轻，搬运方便。价格低。主要缺点是管材强度较低，易老化。

管材的选择直接影响工程造价和使用年限，选择时应就地取材，并结合水质、地质、管道承受内外压力以及施工方法等方面因素来确定。

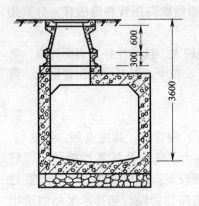 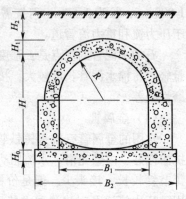

图 3-9 矩形钢筋混凝土渠　　　图 3-10 大型钢筋混凝土渠道
（单位：mm）

3. 排水管渠的附属构筑物

（1）检查井

为了便于对管渠矩进行检查和清通，在排水管渠上必须设置检查井。检查井设置在排水管渠的管径、方向、坡度改变处，管渠交汇处以及直线管段上每隔一定的距离处。相邻两检查井之间的管渠应成一直线。《室外排水设计规范》规定了检查井在直线管渠上的最大间距，一般按表 3-7 采用。

检查井最大间距　　　　表 3-7

管径或暗渠净高	最大间距（m）	
（mm）	污水管道	雨水（合流）管道
200～400	40	50
500～700	60	70
800～1 000	80	90
1 100～1 500	100	120
1 600～2 000	120	120

检查井可分为不下人的浅井和需要下人的深井。图3-11为不需要下人的浅检查井,构造比较简单。图3-12为可以下人的深检查井,构造比较复杂,设置在埋深较大的管渠上。

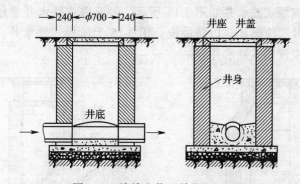

图3-11 浅检查井(单位:mm)

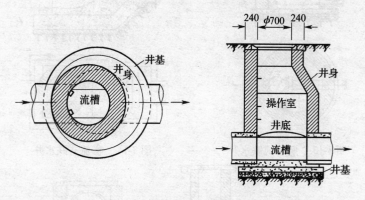

图3-12 深检查井(单位:mm)

(2) 跌水井

当检查井中上下游管渠的管底高度差大于1m时,应做成跌水井。跌水井中应有减速防冲及消能设施。目前常用的跌水井有两种形式:竖管式和溢流堰式。前者适用于管径等于或小于400mm的管道。当检查井中上下游管渠跌落差小于1m时,一般只把检查井底部做成斜坡,不做跌水。

竖管式跌水井的构造如图3-13所示。竖管式跌水井的一次允许跌落高度随管径大小不同而异。当管径不大于200mm时，一次跌落高度不宜超过6m；当管径为250~400mm时，一次跌落高度不宜超过4m。

溢流堰式跌水井如图3-14所示。溢流堰式跌水井常用于大管渠，井底应坚固，以防冲刷。图3-15为阶梯式跌水井，可用来代替溢流堰式跌水井。

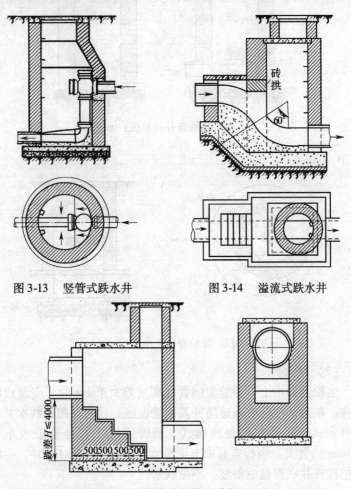

图3-13　竖管式跌水井　　　　图3-14　溢流式跌水井

图3-15　阶梯式跌水井（单位：mm）

(3) 溢流井

在截流式合流制排水系统中，为了避免晴天时的城市污水和初期雨时的雨、污水对水体的污染，通常在合流制管渠的下游设置截流管和溢流井。

溢流井的构造形式有多种。图 3-16 为一种构造比较简单的溢流井。

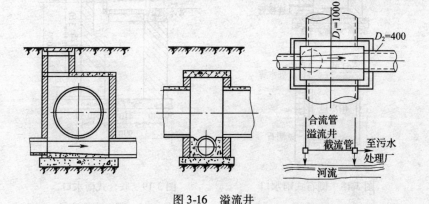

图 3-16 溢流井

(4) 雨水口

地面及街道路面上的雨水，从雨水口经过连接管流入排水管道。雨水口一般设在道路两侧和广场等地。雨水口多根据道路宽度，纵坡以及道路交叉口设立。在街道上雨水口的间距一般为 30~80m，在低洼地段应适当增加雨水口的数量。

雨水口由进水箅、井筒和连接管三部分组成。按进水箅条安放的位置，雨水口可分为三种：平箅式雨水口（图 3-17），进水箅水平放置在道路边沟里，并稍低于沟底；侧石式雨

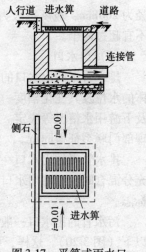

图 3-17 平箅式雨水口

133

水口（图3-18），进水箅垂直放置，嵌入边石；联合式雨水口（图3-19），进水箅分别设置在道路边沟底和嵌入边石中，联合式效果较好。

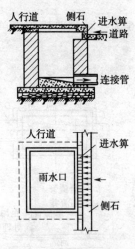
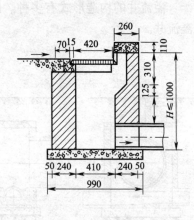

图3-18 侧石式雨水口　　图3-19 联合式雨水口

雨水口的底部由连接管和街道雨水管连接。连接管的最小管径为200mm，坡度一般为0.01，连接到同一连接管上的雨水口不宜超过两个。

（5）出水口

排水管渠的出水口的位置及形式，要根据排出水的性质、水体的水位及其变化幅度、水流方向、波浪状况、岸边地质条件以及下游用水情况等决定。一般还要与当地卫生主管部门和航运管理部门联系征得同意。

排水管渠的出水口一般设在岸边，当排出水需要同受纳水体充分混合时，可将出水口伸入水体中，伸入河心的出水口应设置标志。

污水管的出水口一般都应淹没在水体中，管顶高程在常水位以下（图3-20）。这样，可以使污水和河水混合得较好，同时也可避免污水沿岸边流泻，影响市容和卫生。

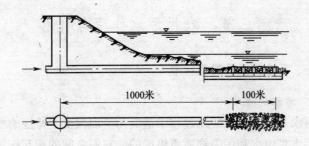

图 3-20 河心淹没式出水口

雨水管渠的出水口通常不淹没在水中。出水口的管底标高最好设在河流最高洪水位以上，一般在常水位以上，以免河水倒灌。如果受条件限制，不能满足上述要求时，则需采取防洪及提升措施。

出水口与水体岸边连接处一般做成护坡或挡土墙，以保护河岸及固定出水管渠与出水口。图 3-21 为采用护坡的出水口，图 3-22 为采用挡土墙的出水口。如果排水管渠出口的高程与受纳水体水面高差很大时，应考虑设置单级或多级阶梯跌水。

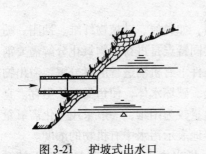

图 3-21　护坡式出水口　　　图 3-22　挡土墙式出水口

第三节 农村污水处理与利用

一、污水性质及排放标准

1. 污水的性质

污水是指在人们使用过程中遭受污染而改变了特性的水。因此，污水是由水和污染物质所组成的，它们之间的相互作用便决定了污水的特性。

污水中的污染物种类极多，按其自然组成可分为无机物、有机物和微生物，它们的形态变化、污染特性、检测分析方法等都有很大的差别。污染物中有一定数量的有害、有毒物质，如不经处理任其排放，会恶化环境、污染水体、毒害鱼类、导致疾病。因此，污水排放前必须考虑处理问题。

2. 污水的污染指标

污水的污染指标是衡量水在使用过程中被污染的程度，也称污水的水质指标。各种水质指标表示出水中杂质的种类和数量，由此可以判断水质的优劣和是否满足有关要求。污水分析的一些主要指标如下。

(1) 有机物质

污水中含有大量有机物质，如粪便、动植物纤维、油脂、糖类、有机原料等。有机物的共同特点是进行生物氧化分解需要消耗水中的溶解氧，而在缺氧条件下有机物进行厌氧分解，溢出物有毒害作用，使水色发黑溢臭，破坏水体，使鱼类无法生存。直接测定污水中各种有机物的含量较为困难，一般采用生化需氧量和化学需氧量两个指标，间接地表示污水中有机物的浓度。

1) 生化需氧量（BOD）。指水中有机物在有氧条件下被微生物分解过程中所消耗的氧量，单位通常用 mg/L 表示。生化需氧量愈高，表示污水中可降解的有机物愈多。污水中可降解有机物在微生物氧化作用下被转化为无机物，所需时间是比较长的，其长短与温度有关。当水温为 20℃时，一般含碳有机物氧化需 20 天左右。因此，20 天的生化需氧量（BOD_{20}）称总生化需氧量。由于测定（BOD_{20}）时间太长，实际应用中有困难，目前都以 5 天生化需氧量（BOD_5）为代表。据实验，对于生活污水，BOD_5 约为 BOD_{20} 的 70% 左右。

2）化学需氧量（COD）。指用强氧化剂——重铬酸钾氧化水中有机物所测定出的耗氧量，单位为 mg/L。化学耗氧量一般高于总生化需氧量，这是因为重铬酸钾所能氧化的有机物不是都可以被微生物降解的。

(2) 固体物质

指污水中呈固体状态的物质。固体物质可分为悬浮固体与溶解固体两类：在水中呈悬浮或漂浮状态的非溶解性物质称为悬浮固体，单位为 mg/L。悬浮固体分为有机和无机两种，反映污水排入水体后将发生的淤积情况。溶解固体表示污水中所含溶解性盐类及其他物质的数量，单位为 mg/L。当含盐量大的污水渗入土壤后，将使土壤逐渐盐碱化。悬浮固体和溶解固体之和，称为总固体。

(3) pH 值

表示污水呈酸性或碱性的标志。pH 值是氢离子浓度倒数的对数，其值从 1~14，pH 值为 7 时水呈中性，小于 7 呈酸性，大于 7 呈碱性。生活污水一般呈弱碱性，而工业废水则是多种多样。pH 值对水中其他杂质的存在形态和各种水质控制过程有广泛影响，是最重要的水质指标之一。

(4) 色、臭、热

污水呈现不同颜色、气味，影响水体的物理状况。新鲜的生活污水呈灰暗色，腐败的污水则呈黑褐色。工业废水可能使水呈现很深的各种颜色。污水常会使人感觉到不愉快的气味，用鼻闻到的称为臭，用口尝到的称为味，有时臭和味不易截然分开。

高温度的工业废水排入水体，对水体造成热污染，破坏鱼类的正常生存环境。

（5）有毒物质

有毒物质是指污水中所含各种毒物的成分和数量，以 mg/L 表示。这些有毒物质对人类、鱼类、农作物等有毒害作用，如汞、镉、砷、酚、氰化物等。

3. 水体的污染与自净

水体具有一定的净化水中污染物质的能力，称为水体自净。水体自净的过程是很复杂的，它是在物理的、化学的、生物的综合作用下，经过稀释、沉淀、化学反应和生化作用产生的结果。

当污水排入水体后，首先被水流稀释，污染物浓度随之降低。水体水量与排放污水量的比例倍数愈大，两者混合得愈均匀，则稀释效果愈好。然后，随污水排入水体的有机物，在水中微生物作用下，分解氧化，变为稳定的无机物。分解氧化过程中所消耗的氧，能不断从空气中得到补充。这样，纳入一定污水的河水流过一段距离后，逐渐恢复到未污染前的洁净状态。

水体本身所具有的纳污能力称为水体的环境容量。一方面水体的环境容量为人类提供了一种资源，使人类在生产生活中所产生的污染物有处可排；另一方面水体的自净能力又是有限的，当排放的污染物超出了环境容量就会造成水质的恶化，破坏水体的生态平衡，使水体丧失原有使用功能，这就向人类提出了控制污染物排放的要求。

4. 污水排放标准

为了保护水体，必须严格控制排入水体的污水水质。从这一要求，国家制定了一系列水质标准和污水排放标准。水质标准是指为满足水体的使用功能，而限定水体各种杂质的最高容许浓度的标准。如《地面水环境质量标准》（GB 3838—2002）将地面水体划分为5类，并在标准中规定了各类水体的功能和若干个项目的水质标准。污水排放标准中所规定的污水中最高污染物容许浓度，是为有效控制天然水体的水质标准，针对不同类别的污水而制定的。如《污水综合排放标准》（GB 8978—1996）中，按地面水域使用功能要求和污水排放去向，规定了三级排放标准，又将排放的污染物按其性质分为两类,对应于每一级排放标准制定了最高允许排放浓度。

二、农村污水处理设施

1. 污水处理的基本方法

污水处理就是采用各种方法将污水中所含有的污染物质分离出来,或转化为稳定和无害的物质。

污水处理的内容包括:固液分离,有机物和可氧化物的氧化,酸碱中和,去除有毒物质,回收有用物质等。现代污水处理技术种类繁多,但一般可归纳为物理法、化学法和生物法三类。化学法通常用于工业废水处理,物理法和生物法普遍用于农村(市政)污水处理。

污水处理按处理程度划分,通常为一级、二级、三级。一级处理是去除污水中呈悬浮状态的固体污染物质,常用物理处理法。二级处理的主要任务是大幅度地去除有机性污染物质,常用生物处理法。三级处理的目的是进一步去除二级处理未能去除的某些污染物质,所使用的处理方法随目的而异。污水通过一、二级处理后一般能达到国家规定排放水体的标准,三级处理用于对排放标准要求特别高的水体或为了使污水处理后回用。

(1) 物理处理法

物理处理是利用物理作用分离去除污水中呈悬浮状态的固体污染物质。属这类处理方法的有重力分离法、离心分离法、筛滤截留法等。

1) 重力分离法

重力分离法是利用污水中悬浮物与水的密度不同这一原理,借重力沉降(或上浮)作用,将污染物从污水中分离出来,是污水净化中最广泛采用的预处理方法之一。重力分离法常采用的工程设施有沉砂池、沉淀池、隔油池、气浮池等。污水在各种沉淀装置的停留时间不同:沉砂池约 2min;沉淀池、隔油池约 $1.5\sim2h$。其沉淀效果决定于水的性质、在池内停留的时间、池的深度和大小、悬浮物颗粒大小及密度、池的设计形式等。

2）离心分离法

污水中的悬浮物借助离心设备的旋转，在离心力作用下，使悬浮物同水分离。离心力与悬浮物的质量和转速的平方成正比。由于转速在一定范围内可由人工控制，所以能获得较好的分离效果。这种分离方法常用于处理轧钢废水氧化铁屑的去除，以及洗羊毛废水中回收羊毛脂或污泥脱水等。离心分离法常用的装置有离心机和分离器。

3）筛滤截留法

筛滤截留法是去除污水中大颗粒悬浮物最常用的方法。筛滤截留实际上是使污水通过具有相当间隔的金属栅条构成的格栅或微细孔道的过滤介质，在此介质两侧压强差的推动下，污水通过格栅或细微孔道而截留污水中的漂浮污染物。常用的设备有格栅、筛网、微孔机等。

属物理处理法的技术还有反渗透法和蒸发法等。

（2）化学处理法

化学处理是通过化学反应和传质作用来分离、去除污水中呈溶解、胶体状态的污染物或将其转化为无害物质的污水处理方法。这类方法中，以投加药剂使产生化学反应为基础的处理方法有混凝、中和、氧化还原等；以传质作用为基础的处理方法则有萃取、气提、吹脱、吸附、离子交换、电渗析及反渗等。运用传质作用的处理方法，既具有化学作用，又有与之相关的物理作用，所以也可称为物理化学处理法。

1）混凝法

某些工业废水中，含有不易沉淀的细小悬浮物，它们往往带有同性电荷，呈胶体状态。在这种水体中投加混凝剂，胶体便失去稳定性而凝聚成絮状颗粒沉淀下来。常用的混凝剂有硫酸铝、明矾、聚合氯化铝、硫酸亚铁等。这种方法主要用于除去难以沉淀的微小粒子等，如含油废水、染色废水、煤气站废水、洗毛废水等的处理。

混凝法在工业废水处理中占有十分重要的地位，应用日益广泛。除应用于预处理、中间处理和污泥处理外，在深度处理中，混凝法也是重要方法之一。

2）中和法

用于处理酸性废水或碱性废水，调整其酸碱度，使呈中性、接近中性或适于下一步处理的 pH 范围。

酸性或碱性废水的中和，可采用以下方法：① 酸碱废水相互混合，使混合后废水近于中性。② 向酸性废水中投加碱性物质如石灰、石灰石、烧碱或纯碱等。③ 向碱性废水中吹入含二氧化碳的烟道气进行中和，也可投入硫酸等酸性物质。

3）氧化还原法

氧化还原法是利用氧化剂或还原剂将废水中有害物质氧化或还原为无害物质的方法。常用的氧化剂有空气、漂白粉、氯气、臭氧等。氧化法多用于处理含酚、氰、硫等废水；常用的还原剂有铁屑、硫酸亚铁、二氧化硫等。还原法多用于含铬、含汞废水。

属化学处理法的技术还有气提法、吹脱法、萃取法、电渗析法和离子交换法等。

(3) 生物处理法

生物处理法是利用微生物的生命活动，将污水中的有机物分解氧化为稳定的无机物，使污水得到净化。主要用来去除污水中呈胶态和溶解状态的有机物。属于生物处理法的主要有如下几种。

1）活性污泥法

活性污泥法是好氧生物处理的重要方法。它处理能力大、效率高，已广泛应用于市政污水和各种有机工业废水的处理。它主要靠悬浮在污水中具有大量微生物的活性污泥，对污水中的有机物进行吸附和氧化分解，从而使污水得到净化。

如果将空气连续注入曝气池的污水中，使水中有足够的溶解氧，经过一段时间后，污水中即生成一种褐色絮凝体，这就是活性污泥。在活性污泥中存在着大量的、由各种需氧细菌和原生动物组成的微生物群体。活性污泥具有很强的吸附和氧化分解有机物的能力。

活性污泥法的主要构筑物是曝气池和二次沉淀池。需处理的污水与从二次沉淀池回流的活性污泥同时进入曝气池，然后注入压缩空气进行曝气，使污水与活性污泥充分混合接触，并供给混合液以足够的溶解氧，在好氧状态下，污水中的有机物被活性污泥中的微生物群体所摄取、分解而得到稳定。混合液再流入二次沉淀池进行分离。沉淀分离后的活性污泥一部分回流到曝气池作为种泥，剩余部分需从系统中排除；澄清水则从池中溢流排放。

活性污泥法经不断革新发展已有多种运行方式，如传统活性污泥法、阶段曝气法、生物吸附法、完全混合法、延时曝气法、纯氧曝气法、深井曝气法、氧化沟法、二段曝气法（AB法）、缺氧/好氧活性污泥法（A/O法）等。

2）生物膜法

生物膜处理法是与活性污泥法并列的一种好氧生物处理技术。它是使污水连续流经固体填料（如碎石、炉渣或塑料蜂窝），在填料表面逐渐形成一层污泥状粘膜，粘膜中生长着各微生物。这种粘膜称为生物膜，它由大量菌胶团、真菌、藻类和原生动物组成，并有巨大表面积，能吸附污水中呈各种状态的有机物，具有非常强的氧化能力。

生物膜法处理污水时，由于生物膜的吸附作用，在其表面常附着一层很薄的、基本不流动的水层，该水层中的有机物绝大部分已被氧化，因此有机物浓度很低。当污水不断从填料表层向下滴流时，与生物膜外面附着水层接触，污水中的有机物进入附着水层，成为生物膜上微生物的食料，同时空气中的氧从填料孔隙中进入生物膜，于是微生物在有氧条件下进行分解氧化附着水层中的有机物，其分解氧化产物排泄入滴流中去，使污水净化。生物膜将一部分有机物氧化分解成简单的无机物和二氧化碳，而将另一部分有机物合成新的原生质，使生物膜厚度增加。当厚度增加到一定程度时，里层出现缺氧、老化，便自行脱落，随水流排出。与此同时，新的生物膜又逐渐形成。

生物膜法有多种处理构筑物，如普通生物滤池、塔式生物滤池、高负荷生物滤池、生物转盘、生物接触氧化池以及生物流化床等。

3）氧化塘法

氧化塘法是利用水塘中微生物和藻类对生活污水和有机废水进行好氧处理的一种方法。氧化塘对污水的净化过程与自然水体的自净过程很相近，污水在塘内经较长时间的缓慢流动、贮存，通过微生物（细菌、真菌、藻类、原生动物）的代谢，降解污水中的有机物，使污水得到净化。氧化塘内的溶解氧主要由藻类光合作用提供，大气复氧只起辅助作用，必要时可采用机械装置来补充氧。

氧化塘按功用和效能的不同可分为厌氧塘、兼性塘、好氧塘、水生植物塘、生态塘（如养鱼塘、养鸭塘、养鹅塘）、完全容纳塘（封闭式贮存塘）和控制排放塘等。

氧化塘的处理效果随光照、温度、地区、季节等因素变化而不同。冬季或阴雨季节，因光照弱，气温低，光合作用差，处理效果也差。我国北方地区冬季气温低，水面结冰，光合作用和水面复氧都受到阻碍，氧化塘很难运行。通常，水温低于10℃时，即不利于藻类生长。

4）土地处理法

土地处理法是将污水在人工可控条件下投配到土地上，利用土壤的净化能力使污水得到净化。土壤对污水的净化作用是一个十分复杂的综合过程，其中包括：物理过程中的过滤、吸附，化学反应与化学沉淀和微生物的代谢作用下的有机物降解等。该法在处理污水的同时，能够充分利用污水中的水肥资源，有利于农林业生产，具有十分明显的经济效益和环境效益。

污水土地处理有多种形式，如慢速渗滤、快速渗滤、地表漫流、湿地灌溉和地下灌溉等。

5) 厌氧消化法

厌氧消化法是利用厌氧微生物（包括兼性厌氧菌，但主要还是厌氧菌）的新陈代谢功能来处理污水中的有机物。厌氧消化法一般分为两个阶段：酸性发酵阶段和碱性发酵阶段。第一阶段，污水中复杂的含碳有机物在产酸菌的作用下，分解成为简单的有机酸、醇类以及二氧化碳、氨、硫化氢等。由于有机酸的积累，使污水 pH 小于 7，故称酸性发酵阶段。第二阶段，由于含氮化合物的分解，产生的氨对有机酸有中和作用，pH 逐渐上升，第一阶段的分解产物有机酸、醇类在甲烷细菌的作用下分解为甲烷与二氧化碳等。这个阶段污水的 pH 为 7~8，故称为碱性发酵阶段。

厌氧生物处理同需氧生物处理相比较，主要优点有：

动力消耗省；适于高浓度有机废水，不需要供氧及附属设备；可在较深的池中进行，占地面积小等。

经过多年的发展，目前厌氧消化法不仅用于处理高浓度有机废水和污泥，也用于处理低浓度的有机废水，包括农村污水。厌氧消化法的处理工艺和设备有：普通消化池、厌氧生物滤池、厌氧接触消化、上流式厌氧污泥床、厌氧膨胀床和流化床、升流式厌氧污泥床、厌氧生物转盘等。

上面的技术都是市政污水和工业废水处理中常用的处理技术，由于农村污水的分散性和经济方面的原因，对村镇选择合理的污水处理技术及设施则显得尤为重要。

2. 污水处理流程

生活污水和工业废水中的污染物是多种多样的，不能预期只用一种方法就能把所有的污染物全部去除。一种污水往往需要通过由几种方法组成的处理系统进行处理，才能达到要求的处理程度。

(1) 一级处理

污水处理采用物理处理中的筛滤、沉淀为基本方法，污泥处置采用厌氧消化法。处理工艺流程如图 3-23 所示。污水首先流经格栅以截留去除漂浮物，在沉沙池中去除无机杂粒，以保护其后续处理单元的正常运行，沉沙池出水流入沉淀池去除悬浮颗粒。

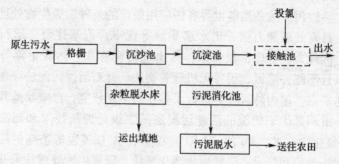

图 3-23　污水一级处理工艺流程图

经一级处理，悬浮物一般可去除 50%~55%，5 日生化需氧量（BOD_5）可去除 25%~30%。出水水质尚达不到排放标准，通常用于污水的预处理。

（2）二级处理

二级处理是由于一级处理出水达不到排放标准而设置的，它采用生物处理法，大幅度去除污水中呈胶态和溶解状态的有机污染物质。在生物处理法中，尤以活性污泥法的应用最广，工艺流程见图 3-24。

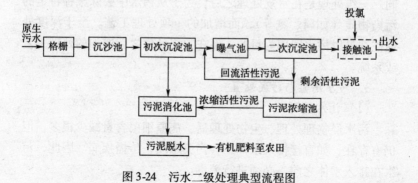

图 3-24　污水二级处理典型流程图

经二级处理后，5日生化需氧量（BOD_5）可去除85%~95%（包括一级处理），出水中BOD_5降低到20mg/L，可达到国家排放标准。

活性污泥法是当前世界各国应用最广的一种二级生物处理流程，具有处理能力强、出水水质好等优点。但基建费，运行费高，能耗大，管理也较复杂，易出现污泥膨胀、污泥上浮等问题，且不能去除氮、磷等无机营养物质。针对活性污泥法存在的上述缺点，国内外科技界进行了多年的革新研究，已成功地开发出一批明显优于传统的活性污泥法的二级处理新技术和新流程（如氧化沟技术、AB法、A/O流程和A/A/O流程等革新的活性污泥法流程和技术；天然生物净化系统、厌氧生物处理技术及生物膜法处理流程等替代活性污泥法的处理流程和技术），使污水二级处理朝着多功能、低费用、高效率的方向发展。

（3）三级处理

三级处理的目的是进一步去除二级处理所未能去除的污染物质，其中包括微生物未能降解的有机物和磷、氮等能够导致水体富营养化的可溶性无机物等。三级处理所使用的方法较多，如生物脱氮法、混凝沉淀法、砂滤、活性炭吸附以及离子交换和电渗析等。通过三级处理，BOD_5能够降至5mg/L以下，能够去除大部分氮和磷。三级处理是深度处理的同义语，但二者又不完全相同。三级处理是在常规处理之后，为了从污水中去除某种特定的污染物质（如磷、氮等），而增加的一项处理工艺。至于深度处理往往是以污水回用为目的，而在常规处理之后增加的处理工艺或系统。

3. 污水消毒与污泥处置

（1）污水消毒

污水经物理处理、生物处理后，病原细菌含量减少很多，但仍有存在，如直接排入水体，会污染水质，传播疾病。因此，污水在排入水体之前，必须进行消毒。

污水消毒的方法有药剂消毒、紫外线消毒、高温消毒等。最常用的方法是药剂消毒,采用的药剂为液氯和漂白粉。通常规模较大的污水处理厂采用液氯消毒;规模较小的村镇污水处理厂可采用漂白粉消毒。

氯与污水的混合接触常在接触池内进行。投氯量为 1~5mg/L,接触时间 30min。漂白粉消毒时,一般需设置混合池。混合池的形式通常有隔板式与鼓风式两种。

(2) 污泥的处置与利用

在污水处理过程中,会产生大量的污泥,其数量约为处理水量的 0.3%~0.5%(含水率以 97% 计)。污泥中集聚了很多有毒物质,如细菌、病原微生物、寄生虫卵以及重金属离子等;也有很多有用物质,如植物营养素,氮、磷、钾、有机物等。污泥不经处理任意排放或堆放,会对周围环境造成二次污染。因此,污水处理的同时必须解决污泥的处置与利用问题。

按污泥中有机物含量多少,可分为污泥与沉渣。以有机物为主要成分的称为污泥,其特性是:有机物含量高,容易腐化发臭,卫生状况差,颗粒较细、较轻,容重接近于 1,含水率高,不易脱水,流动性好,如生活污水污泥,食品厂废水污泥等。以无机物为主要成分的称为沉渣,其特性是:颗粒较粗,容重较大,含水率较低,流动性差,易脱水,不易腐化变质,如沉沙池沉渣,轧钢废水沉淀物等属于这一类。

污泥处理与利用基本流程如图 3-25 所示。

图 3-25 污泥处理与利用流程示意图

含水率很高(一般为 99.9%~99.8%)的污泥一般先进行浓缩,使含水率降低到 95%~97%。通常在重力式浓缩池中进行,利用污泥颗粒的重力沉降作用,使泥水分离。浓缩后的污泥一般采用厌氧消化处理，在密封的消化池内，依靠厌氧、兼氧微生物，将污泥中的有机物分解为甲烷和二氧化碳等气体。污泥经厌氧消化后，稳定性大为提高，消除了恶臭，大量的氮分解为可溶于水的重碳酸氨，易于作物吸收，产生的沼气可资利用，污泥脱水性能提高；经消化后的污泥含水率仍很高，需进行干化，以便于利用或外运。常用的干化方法有自然干化与机械脱水。自然干化是利用一块渗水性能良好的平坦场地，将含水率较高的污泥置于场地上，铺成薄层，利用自然蒸发（风吹、日晒等）和地下渗透使污泥逐渐变干。机械脱水常采用板框压滤机和真空过滤机。机械脱水前，一般需对污泥进行预处理，进一步改善其脱水性能，方法包括淘洗法、加混凝剂法、热处理法及冷冻法等。污泥经初步干化后成湿润泥土状，为最终处理与综合利用的需要，可采用自然风干或加热烘干等方法，进一步降低其含水率。

4. 几种典型的污水处理设施

由于农村污水排放是分散的，排水管网亦不完善，因此需要大力发展分散小型、节能的污水处理设施，比较有代表意义的是化粪池和沼气池。

（1）化粪池

化粪池如图3-26所示。是污水沉淀与污泥消化同在一个池子内完成的处理构筑物，构造简单，类似平流式沉淀池，而下部储存污泥部分容积较大。污水在池中缓慢流动，停留12~24h，污泥沉积于池底，停留时间为3~12月，进行厌氧分解。化粪池的污泥消化过程是在自然条件下进行的，历时长，有机物分解不彻底。此外，上部流动的污水易受到下部发酵污泥的污染，只适用于污水与污泥的局部处理，它的优点是管理简单，无动力消耗，适用于村镇小量的污水处理和排水体制不完善的分散污水处理。

化粪池的容积可参考给水排水设计手册进行计算。

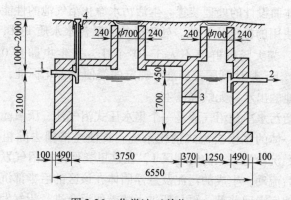

图 3-26 化粪池（单位：mm）
1—进水管；2—出水管；3—连通管；4—清扫口

（2）沼气池

生活污水净化沼气池（图 3-27）是分散处理生活污水的新型构筑物，适用于近期无力修建污水处理设施的村镇，或污水管网以外的单位、居民点、住宅、学校和公共厕所等。生活污水包括厨房炊事用水、沐浴、洗涤用水和冲洗厕所用水，有如下特点：一是冲洗厕所的水中含有粪便，是多种疾病的传染源，二是生活污水浓度低，其中干物质浓度为 1%～3%，COD 浓度仅为 500～1 000mg/L，三是生活污水可降解性较好，BOD/COD 为 0.5～0.6，适用于厌氧消化制取沼气。生活污水净化沼气池是根据生活污水的上述特点，把污水厌氧消化，沉淀过滤等处理技术

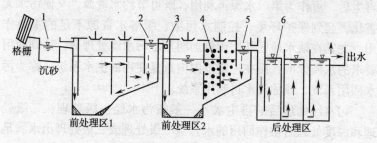

图 3-27 生活污水净化沼气池工艺流程示意图
1—粪便污水；2、5—水压间；3—其他生活污水；4—软填料；6—泡沫板

融于一体而设计的处理装置。生活污水净化沼气池的性能明显优于通常使用的标准化粪池。处理后的生活污水水质 BOD_5 不大于 50mg/L，粪大肠菌群值不大于 10^4 个/L，寄生虫卵数 0.565～1.074 个/L，均达到国家标准所规定的粪便无害化标准，并且净化沼气池的出水口无蚊蝇滋生。

生活污水净化沼气池是一个集水压式沼气池、厌氧滤器及兼性塘于一体的多级折流式消化系统。粪便经格栅去除粗大固体后，再经沉沙池进入前处理区1，在这里粪便进行沼气发酵，并逐步向后流动，生成的污泥及悬浮固体在该区的后半部沉降并沿倾斜的池底滑回前部，再与新进入的粪便混合进行沼气发酵。上清液则溢流入前处理区2，在这里与粪便以外的其他生活污水混合，进行沼气发酵，并向后流动经过厌氧滤器部分，附着于填料上生物膜重点细菌将污水进一步进行厌氧消化，再溢流入后处理池。前处理区1和前处理区2都是经过改进的水压式沼气池，后处理区为三级折流式兼性池，与大气相通，上部装有泡沫过滤板拦截悬浮固体，以提高出水水质。

污水净化沼气池的总容积可按给水排水设计手册确定。

三、污水处理综合利用

近年来，为了解决可用水资源的减少和水质的不断恶化，以及污染物排放标准的提高，提出了污水资源化问题。污水经处理再生后，可作为第二水源再利用，既可节约水资源，又使污水无害化，起到保护环境、控制水污染、缓解水资源不足的重要作用，尤其在缺水地区其作用更加明显。污水经处理后，达到回用要求的水质标准，而在一定范围内重复使用的供水系统，称为污水回用系统，或称污水再利用系统。

污水经处理后的再生水（一般指污水经一级处理、二级处理和深度处理后供作回用的水。当一级处理或二级处理出水满足特定回用要求并已回用时，一级或二级处理出水也可称为再生水），可作工业用水、生活杂用水、景观河道用水、农业灌溉用水和地下水回注灌等。

作为村镇污水利用,应着眼于综合利用,建立一个完整的生态循环系统,充分利用自然降解,如生态塘和人工湿地等。

稳定塘主要是依靠藻菌共生系统工作,由于其中分解者细菌、真菌和生产者藻类互利共生,而没有消费者生物对增殖的藻类进行控制,往往会出现水中藻类含量过多,造成受纳水体二次污染。但是,利用污水养鱼、养殖蚌、螺和养殖鸭、鹅的生态塘,在正常运转时出水含藻量不大,而且SS、BOD、COD、氮、磷等都有较高的去除率。这是因为通过养殖,使塘中不仅有细菌和藻类,还有不同营养级的消费生物。这样不仅使污水得以净化,同时也获得了经济效益。

在有条件的情况下,尽量利用天然浅塘、洼地、围堤可建造生物塘,发展养殖业。

生物塘中有许多条食物链,且与塘环境形成相当复杂的生态系统。

这种污水处理与利用的稳定塘生态系统,在太阳能提供初始能量的推动下,对污水中多种多样的污染物进行同化、降解,并且在各条食物链中进行迁移转化,参与各级生物的代谢过程,最后转变成鱼、鸭、鹅等动物蛋白,完成了物质在生态系统中的循环。在有效地去除污染物的同时,实现了污水的资源化。

湿地处理系统是将污水投放到土壤经常处于水饱和状态而且生长有芦苇、香蒲等耐水植物的沼泽地上,污水沿一定方向流动,在流动的过程中,在耐水植物和土壤联合作用下,污水得到净化的一种土地处理工艺。

湿地处理系统对污水净化的作用机理是多方面的,这里有:物理的沉降作用,植物根系的阻截作用,某些物质的化学沉淀作用,土壤及植物表面的吸附与吸收作用,微生物的代谢作用等。此外,植物根系的某些分泌物对细菌和病毒有灭活作用;细菌和病毒也可能在对其不适宜环境中自然死亡。

在湿地处理系统中以生长沼泽地的维管束植物为主要特征,

繁茂的水生植物为微生物提供了良好的栖息场所，维管束植物向其根部输送光合作用产生的氧，每一株维管束植物都是一部"制氧机"，使其根部周围及水中保持一定浓度的溶解氧，使根区附近的微生物能够维持正常的生理活动，其次，植物也能够直接吸收和分解有机污染物。

繁茂的水生植物还具有均匀水流、衰减风速、避免光照、防止藻类过度生长等多种作用。

用人工筑成水池或沟槽状，地面铺设隔水层以防渗漏，再充填一定深度的土壤层，在土壤层种植芦苇一类的维管束植物，污水由湿地的一端通过布水装置进入，并以较浅的水层在地表上以推流方式向前流动，从另一端溢入集水沟，在流动的过程中保持着一定的水面。其有机负荷率及水力负荷率较低，在确定负荷率时，应考虑气候、土壤状况、植物类型以及接纳水体对水质要求等因素，特别是应将使水层保持好氧状态作为首要条件。当进水BOD_5不大于150mg/L时，出水可达二级处理水质标准。

第四章 农村供热

第一节 农村供热概述

一、农村供热系统的任务和形式

1. 当前国内外供热现状

节能与舒适是发达国家选择供暖方式的主要目标，他们主要根据本国气温分布特点和能源资源特点采用不同的供暖方式，如挪威石油、电资源丰富，主要采用集中热水供暖、电采暖，冰岛地热资源丰富，主要采用地热采暖等。在国外尤其是欧洲，采取集中供热分户计量方式，并已形成较为完善的供暖体制。

当前我国供暖地区的建筑物集中供暖主要以燃煤锅炉为热源，用散热器加热室内空气的传统供暖方式为主。随着我国经济发展和人民生活水平的不断提高，多样化的供暖形式已经逐步应用于不同类型的地区和建筑。

受经济条件制约，多年来农村建筑供热基本是自行解决，通常采用火炉、炉筒供暖，少数家庭采用带散热器的两用炉（俗称土暖气）和电取暖器供暖，这三种供暖方式无论是舒适度还是节能效果都不太理想。在实际运行中业主为了节省费用，一般每户只保证一室或二室的采暖需要，很难实现整套住房的全面采暖，大多数住宅达不到 16~20℃ 的室内温度要求。

农村供热的主要任务就是供暖，本章所述农村供热即指农村供暖。

2. 农村供热形式

农村供暖的形式按热媒分为：热水、空气供暖系统；按末端设备（散热方式）的形式分为：散热器供暖、地板辐射供暖、暖风机供暖和风机盘管供暖等。

二、农村供热系统组成

农村供热系统由热源、热力管网、热用户三部分组成。

1. 热源

热源是能从中吸取热量的任何物质和装置。可以是燃烧煤炭、燃油、燃气的供热锅炉房，也可以是热电厂，还可以是地热装置等。

2. 热力管网

热力管网是指由热源向热用户输送和分配热水的管道系统，也称热网。

3. 热用户

热用户是用热场所。可以是民用住宅、公共建筑等。热用户内靠末端散热装置给用户供暖。

第二节 热源及供热设备

一、几种常见热源

如果农村居住集中，村庄规划向城镇发展，集中供热系统是供暖的首选方式，最广泛使用的热源形式是区域锅炉房和热电厂。

1. 区域锅炉房

锅炉是锅炉房最主要设备。

（1）锅炉的分类

通常，用于供热的锅炉按生产的热媒不同，可分为蒸汽锅炉和热水锅炉；按热媒参数不同又分为低压、中压锅炉；按燃料不同可分为燃煤锅炉、燃油锅炉、燃气锅炉、电锅炉、余热锅炉等。

（2）锅炉的组成

锅炉由本体和辅机组成。本体包括锅和炉及安全辅助设备。锅是管束、水冷壁、集箱和下降管等组成的一个封闭的汽水系统；炉是煤斗、炉排、炉膛、除渣板、燃烧器等组成的燃烧设备。安全辅助设备指安全阀、压力表、温度计、水位报警器、排污阀、吹灰器等。

锅炉的辅助系统包括燃料供给系统、水处理系统、送风系统（图4-1）、引风系统和调节系统。

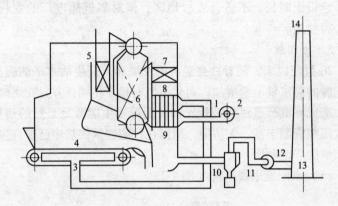

图4-1 锅炉送风系统流程图

1、2—送风机；2、3—送风管路；3、4—炉排、煤层；4、5—炉膛；
5、6—过热器；6、7—对流管束；7、8—省煤器；8、9—空气预热器；
9、10—烟道；10、11—除尘器；11、12—引风机；12、13—水平烟道；13、14—烟囱

（3）锅炉的燃料

锅炉常用的燃料有烟煤、无烟煤、褐煤、重油、渣油、天然气、焦炉煤气、液化石油气等。对广大农村地区来说，可充分应用生物资源，大力发展沼气和秸秆气化，这对改善环境卫生、缓解能源危机、创建节约型社会是极为有利的。

（4）锅炉负荷的确定

热负荷及锅炉房的锅炉台数，可按各建筑物供暖热负荷的总和再附加20%来确定。

（5）锅炉房位置的确定

锅炉房尽量靠近主要热负荷或热负荷集中的地区。位于供暖季节主导风向的下风向，地势较低的地点，并利于自然通风和采光，便于供水、供电和排水，便于燃料和灰渣的运输、堆放。如锅炉房有扩建的可能性，选择锅炉房的位置时还要留有足够的余地。

2. 热电厂

热电厂是联合生产电能和热能的发电厂。建设热电厂投资高、建设周期长，不适合农村地区，但对靠近热电厂的农村来说，可使用。

3. 太阳能

20世纪以来，随着社会经济的发展和人们生活水平的提高，对能源的需求量不断增加，而化石燃料趋于枯竭，并且在燃烧过程中造成环境严重污染，开发和利用可再生能源是必然的趋势。而太阳能资源丰富、无污染，所以在住宅建筑供热中已被许多国家和地区广泛利用。

（1）太阳能采暖系统（图4-2）

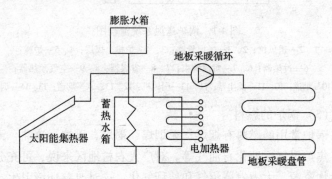

图4-2 太阳能地板辐射采暖系统

太阳能采暖可分为两大类，一为主动式，另一为被动式。被动式就是根据当地气象条件，依靠建筑物本身构造和材料的热工性能，使房屋尽可能多地吸收和贮存热量，以达到采暖的目的。主动式是由集热器、蓄热器、管道、泵等设备来收集、蓄存及输配太阳能的系统，系统中的各部分均可控制而达到需要的室温。

主动式太阳能采暖又可分为直接式和间接式。所谓直接式就是由太阳能集热器加热的热水或空气直接被用来供暖；所谓间接式就是集热器加热的热水温度通过热泵提高后再供暖，一般采用地板采暖或风机盘管。这两种方式对热源的温度要求比较低，约50℃左右，最低可35℃。

1) 太阳能集热器

太阳能热利用系统中，接受太阳能辐射并向水传递热量的部件，称为太阳能集热器。目前主要有平板型、全玻璃真空管、真空热管三种太阳能集热器，各种太阳能集热器各有优缺点，分别适用于不同的地区、不同的用途，性价比也不同。

① 平板型太阳能集热器

平板型太阳能集热器是金属管板式结构，热效率高，产热水量大，可承压，耐空晒，水在铜管内被加热，质量稳定可靠，免维护，15年寿命。

规格为 $1 \times 2m^2$，无云晴天产55℃热水量，每平方米集热器每天可产热水 75~140kg。

② 全玻璃真空管太阳能集热器

全玻璃真空管太阳能集热器有一定的抗冻能力，适合在气温为 0~-20℃ 的地区适用。不承压，使用时不能缺水空晒，否则易爆裂玻璃管。

规格：有多种规格可供选择，无云晴天产55℃热水量，每平方米集热器每天可产热水 70~130kg。

③ 真空热管太阳能集热器

真空热管太阳能集热器有很强的抗冻能力，适合在冬天气温为 0~-40℃ 的地区适用。可承压，耐空晒，不易爆管。热容量小，启动快，可用于产高温热水、开水。

规格：有多种规格可供选择，无云晴天产55℃热水量，每平方米集热器每天可产热水 70~130kg。

2) 太阳能蓄热装置

太阳能并不是随时可取,所以需要蓄热装置把热量储存起来。常用蓄热方式有热水蓄能和地下埋管蓄能两种。

① 热水蓄能

这种蓄能方式是在夏季将太阳的热量储存在钢罐或水池的水里,水的密度、比热大,单位容积的蓄热量大,同时蓄热和取热的速度也快,这是应用最多的一种蓄热方式。水的蓄热和放热温度在95~35℃之间。

② 地下埋管蓄能

这种方式是将地下埋管放置在竖井里,通过竖井中循环液的流动将太阳能量储存在地下土壤或岩石中。在竖井中可用单U型管、双U型管或套管,竖井的深度在30~100m左右,在蓄热区的顶部敷设保温层以减少热量损失。这种方式的优点是可以进行模块化设计,并且蓄能部分的造价低。

3) 辅助热源

在实际工程应用中,除了需要考虑太阳能集热系统的形式、热量的储存、系统管路防冻、热水供应的方式外,还应设置辅助加热设备,以备在阴天、雪天太阳能能量不足时,可以采用辅助热源进行加热,保持供水温度维持在恒定的范围内。

常用辅助热源有:电热管、电锅炉、燃气炉、燃油炉等。

如果蓄热容量大,采用太阳能热泵时可不需辅助热源。

4) 太阳能地板辐射供暖系统

地板采暖要求地面温度不能过高,一般人员长期停留的地点不能高于28℃,这样地板辐射采暖的供水温度一般要在60℃以下。而冬季太阳能的集热温度一般在40~50℃,所以利用太阳能采暖的最佳形式是地板辐射采暖。

(2) 太阳能系统计算

① 根据所计算的热负荷,确定所需集热器的面积。或根据建筑物所处地点,参照表4-1确定所需集热器面积。

② 根据集热器面积和计算所得的系统总的水流量,确定蓄热水箱的容量。考虑到天气变化的影响,蓄热水箱应考虑可储存

建筑物 2~3 天的需热量。或通过下列方法确定蓄热水箱的容量：蓄热水箱容量的大小与集热器面积和所需的集热温度有关，如集热温度较高（50℃），则采用较小的蓄热水箱，如工作温度较低（30~35℃），则采用较大的蓄热水箱。一般来说，$1m^2$ 集热器所需的蓄热水箱容积大约是 50~100L。

单位建筑面积所需太阳能集热器的面积　　　　表 4-1

代　表　城　市	集热器面积 A（m^2）
拉萨　狮泉河	A≤0.21
那曲、玉树、格尔木、西宁、银川、敦煌、呼和浩特、和田、若羌	0.21＜A≤0.33
哈密、太原、大同、北京、库车、侯马、兰州	0.33＜A≤0.37
郑州、济南、天津、喀什、吐鲁番、西安、长春、沈阳、伊宁、烟台、哈尔滨	0.37＜A≤0.39

③ 由于天气状况的不确定性，必须设辅助热源。

4. 壁挂式燃气炉

壁挂式燃气炉是小型锅炉的一种。结构简单，适合单户供暖。它由三部分组成：燃烧设备、换热设备、自动控制和安全保护装置，其燃料可在天然气、煤气及液化气的基础上充分利用农村沼气和秸秆气，具有很好的发展前景。

壁挂炉可为面积较小的住宅或别墅提供单独供暖，它可以省掉锅炉房、热网等费用，减少空气污染，并可轻松实现计量供热还可以任意调节不同居室的温度，同时可实现采暖和生活热水双路供应。壁挂炉具有良好的经济性、便利性和环保性等优势，其单位供暖面积造价为 40~60 元/m^2。

5. 热泵

热泵是一种利用高位能使热量从低位热源流向高位热源的节能装置。常用的有空气源、地源热泵。地源热泵是一个广义的术语，它包括了使用土壤、地下水和地表水作为热源和冷源的系统。

(1) 空气源热泵

空气源热泵也就是我们通常所说的空调,是以室外空气为热源制取室内所需的冷风、热风或空调系统的冷水或热水的装置,如图4-3。

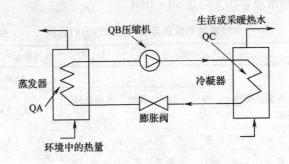

图4-3 空气源热泵制热工作原理

它的特点是:无锅炉和冷水机组,也无相应的燃料供应系统;系统安全、卫生、简洁;系统设备少而集中,操作、维护管理简单方便;单机规格齐全,可分层、分块、分用户单元独立设置系统等;如只算冷热源设备,热泵的价格约为水冷机+锅炉的1.5~1.7倍;空气源热泵机组常年暴露在室外,其寿命也相应要比水冷式冷水机组短;室外空气温度高于40~45℃或低于-10~-15℃时热泵机组不能正常工作。

(2) 水源热泵

水源热泵是目前我国应用较多的热泵形式,是以水(包括江、河、湖泊、地下水,甚至是城市污水等)作为冷热源,在冬季,利用热泵吸收其热量向建筑供暖,在夏季,热泵将吸收到的热量向其排放,实现对建筑物的供冷。

水源热泵的特点:

1) 可利用的水体温度一年四季相对稳定:冬季为12~22℃,夏季水体温度为18~35℃,使得热泵机组运行更可靠、稳定,系统效率高、经济性好、寿命长;

2）系统供热时省去了燃煤、燃气、燃油等锅炉房系统，供冷时省去了冷却水塔，运行时无任何污染，环保效益显著；

3）水源热泵消耗 1kW·h 的电量，用户可以得到 4.3～5.0kW·h 的热量或 5.4～6.2kW·h 的冷量。与空气源热泵相比，其运行效率要高出 20%～60%，节能效果显著；

4）必须考虑到使用地的地质的结构，确保可以在一定的经济条件下打井找到合适的水源，并保证用后水的回灌可以实现；

5）目前的闭式系统成本较高，而开式系统的水源要求必须满足一定的温度、水量和清洁度。

(3) 土壤源热泵

土壤源热泵在冬季把地能中的热量"取"出来，供给室内采暖，此时地能为"热源"；夏季把室内热量取出来，释放到地下土壤中，此时地能为"冷源"。这种热泵投资高，但运行费用低，环保效益明显，在农村发展热泵供暖具有比较好的发展前景。

二、供热设备

1. 膨胀水箱

膨胀水箱的作用是用来储存受热后膨胀的水量，它在机械循环中起到定压、在重力循环中起到排气的作用，同时解决系统的补水问题。

膨胀水箱一般用钢板制作，通常是圆形或方形。图 4-4 为膨胀水箱构造图。箱上连有膨胀管、溢流管、检查管、循环管、排水管等管路。

膨胀水箱安装在系统的最高点。膨胀管在重力循环系统中，应接在供水立管的顶端；机械循环系统中，一般接在循环水泵吸入口前，此点称为定压点。当系统的水位超过溢流管口时，通过溢流管将水自动排出。溢流管一般接到附近下水道。信号管用来检查水箱是否存水，一般要引到管理人员容易观察到的地方。排

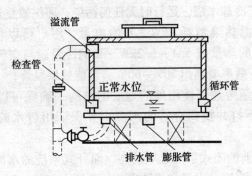

图 4-4 膨胀水箱构造图

水管用来清洗水箱时放空存水和污垢，它可与溢流管一起接至附近下水道。循环管应接在回水干管上，但应与膨胀管保持 1.5~3m 的距离。

在膨胀管、循环管和溢流管上，严禁安装阀门，以防止系统超压、水箱水结冻或水出水箱溢出。膨胀水箱水容积可按下式计算（V 为膨胀水箱的有效容积；V_c 为系统内的水容积）：

当 85~70℃ 供暖系统：$V = 0.034 V_c$，系统内的水容积 V_c 可根据系统的规模从表 4-2 查得。

供给 1kW 热量所需设备的水容量　　　表 4-2

供暖设备和附件	V_c (L)	供暖设备和附件	V_c (L)
四柱 813 型	8.4	钢制柱型散热器（600×120×45）	12
四柱 760 型	8	钢制柱型散热器（640×120×35）	8.2
四柱 640 型	10.2	钢制柱型散热器（620×135×40）	12.4
二柱 700 型	12.7	钢串片闭式对流散热器（500×90）	1.52
M-132 型	10	钢串片闭式对流散热器（600×120）	2.15

计算出膨胀水箱的水容积，就可以根据表 4-3 选取水箱。

选出水箱后，就可根据表 4-4 选取配管。

方形膨胀水箱型号及规格　　　表4-3

型号	公称容积（m³）	有效容积（m³）	外形尺寸（mm）		
			长	宽	高
1	0.5	0.61	900	900	900
2	0.5	0.63	1 200	700	900
3	1.0	1.15	1 100	1 100	1 100
4	1.0	1.20	1 400	900	1 100
5	2.0	2.27	1 800	1 200	1 200
6	2.0	2.06	1 400	1 400	1 200
7	3.0	3.50	2 000	1 400	1 400
8	3.0	3.20	1 600	1 600	1 400
9	4.0	4.32	2 000	1 600	1 500
10	4.0	4.37	1 800	1 800	1 500
11	5.0	5.18	2 400	1 600	1 500
12	5.0	5.35	2 200	1 800	1 500

膨胀水箱的接管管径（mm）　　　表4-4

接管编号	名称	方形		圆形		阀门
		1~8号	9~12号	1~4号	5~16号	
1	溢流管	DN40	DN50	DN40	DN50	不设
2	排水管	DN32	DN32	DN32	DN32	设置
3	循环管	DN20	DN25	DN20	DN25	不设
4	膨胀管	DN25	DN32	DN25	DN32	不设
5	信号管	DN20	DN20	DN20	DN20	设置

2. 集气罐和自动排气阀

(1) 集气罐

用于热水供暖系统中的空气排除，集气罐应设于系统的末端最高处，并使干管逆流，水流与空气泡浮升方向一致，有利排气。但当安装位置有问题，干管顺坡设置时，要适当放大干管管径。

(2) 集气罐分立式和卧式两种，按国际标准图制作，当安装高度不受限制时，宜选用立式。

(3) 集气罐的直径口应大于或等于干管直径的 1.5~2 倍。其有效容积为膨胀水箱容积的 1%。

(4) 集气罐接出的排气管管径，一般采用 $DN15$。在排气管上应设阀门，阀门应设在便于操作的地方，排气管排气口可引向附近水池。

(5) 在重力式热水供暖系统中，当膨胀水箱接在供水主立管端部，且干管顺坡布置时可由膨胀水箱排气，应不再另设集气罐。

(6) 在较大供暖系统中，为方便管理，宜采用自动排气阀。

(7) 自动排气阀门的排气口，一般宜接 $DN15$ 排气管，防止排气直接吹向平顶或侧墙，损坏建筑外装修，排气管上不应设阀门，排气管引向附近水池。

(8) 为便于检修，应在连接管上设一闸阀，系统运行时该阀应开启，有条件时，可在自动排气阀前加设 Y 型过滤器。

(9) 由于供暖系统（如水平串联系统）的原因，散热器中的空气不能顺利排除时，可在散热器上装设手动放风阀。

3. 换热器

换热器是将热流体的部分热量传递给冷流体的设备。如把锅炉房输送的蒸汽或高温热水转换成供暖或热水供应系统所需的低温热水，都需要换热器。

(1) 分类

按参与换热的介质分，可分为汽-水换热器和水-水换热器；按热交换方式分，可分为表面式和混合式换热器。表面式换热器是冷热两种流体被金属壁面隔开，通过金属壁面进行热交换的换热器，如管壳式、容积式、板式等。混合式是冷热两种流体直接接触进行混合而实现热交换的换热器，如淋水式、喷管式。目前常用的换热器有管壳式、板式、热管式和容积式换热器。

（2）管壳式换热器（图4-5）

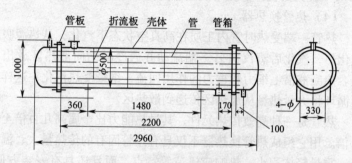

图4-5 管壳式换热器结构图

管壳式换热器是以封闭在壳体中管束的壁面作为传热面的间接式换热器。这种换热器结构较简单，操作可靠，可用各种结构材料（主要是金属材料）制造，能在高温、高压下使用，是目前应用最广的类型。

管壳式换热器可分为以下几种主要类型：

1）固定管板式换热器　管束两端的管板与壳体联成一体，结构简单，但只适用于冷热流体温度差不大，且壳程不需机械清洗时的换热操作。当温度差稍大而壳程压力又不太高时，可在壳体上安装有弹性的补偿圈，以减小热应力。

2）浮头式换热器　管束一端的管板可自由浮动，完全消除了热应力；且整个管束可从壳体中抽出，便于机械清洗和检修。浮头式换热器的应用较广，但结构比较复杂，造价较高。

3）U型管换热器　每根换热管皆弯成U形，两端分别固定在同一管板上下两区，借助于管箱内的隔板分成进出口两室。此种换热器完全消除了热应力，结构比浮头式简单，但管程不易清洗。

（3）板式换热器

随着新技术、新工艺、新材料的应用,板式换热器在进一步发展自身的传热系数高、对数平均温差大、占地面积小、重量轻、价格低、末端温差小和污垢系数低等优越性之外,还将它的承压能力从2.5MPa提高到8.0MPa,耐温能力从150℃提高到了1 000℃,为其在许多应用领域取代管壳式换热器创造了条件。

(4) 热管换热器

热管一端受热时管内工质在高真空状态下汽化,从热源吸收汽化热,汽化后蒸汽向另一端流动并遇冷凝结向散热区放出潜热。冷凝液借毛细力和重力的作用回流,继续受热汽化,这样往复循环将大量热量从加热区传递到散热区。

热管是一种高效传热元件,其导热能力比金属高几百倍至数千倍。用它组成热管换热器不仅具有热管固有的传热量大、温差小、重量轻体积小、热响应迅速等特点,而且还具有安装方便,维修简单,使用寿命长,阻力损失小,进、排流道便于分隔,互不渗漏等特点。

应用热管换热器可以加热空气、水,产生蒸汽。

(5) 容积式换热器(图4-6)

容积式换热器不仅能换热还兼起储水箱的作用,易于清除水垢,主要用于热水供应。它的换热效率比管壳式的低得多。

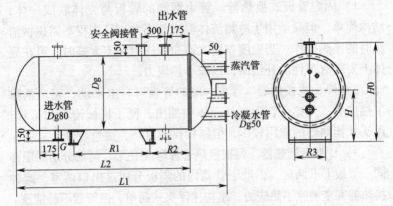

图4-6 容积式换热器结构图

4. 水处理设备

一般热水锅炉应进行锅外水软化处理；但对于额定功率不大于 2.8MW，额定出口水温不大于 95℃ 的热水锅炉，可以采用锅内加药处理；额定功率不大于 4.2MW 的热水锅炉的给水尽量除氧；额定功率不小于 4.2MW 的热水锅炉的给水应除氧。

5. 除污器

除污器的作用是用来截留过滤和定期清除系统中的杂质和污物，以保证水质洁净，减少流动阻力和防止管路堵塞。

除污器有立式直通、卧式直通和卧式角通三种。供暖系统以小型立式除污器应用较多。

除污器的型号按接管直径选择，一般设置在系统入口调压装置前，或循环水泵吸入口前的回水管上，用以集中排污。也有把除污器设在入口回水管上的，应视具体要求而定。

除污器前后应装阀门，并设旁通管，供定期排污和检修使用。

第三节 室内供热系统

一、室内热水供暖系统的分类

民用建筑多采用低温热水供暖系统，即以水温低于 100℃ 的热水作为热媒的供暖系统。

热水供暖系统按循环动力不同可分为：重力循环（又称自然循环）和机械循环系统（用泵强制循环）。目前应用最广泛的是机械循环热水供暖系统。

按供、回水方式的不同可分为单管系统和双管系统。

按系统管道敷设方式的不同可分为垂直式和水平式。

传统的室内热水供暖系统末端设备为散热器，这类设计多采用供、回水温度为 95℃/70℃ 的低温水；地板辐射供暖的设计供、回水温度多为 45℃/35℃ 的低温水。

1. 重力循环供暖系统

(1) 重力循环供暖系统工作原理

图 4-7、图 4-8 为重力循环热水供暖系统图。图中假设整个系统有一个加热中心（锅炉）和一个冷却中心（散热器），用供、回水管路把散热器和锅炉连接起来。在系统的最高处连接一个膨胀水箱，用来容纳水受热膨胀而增加的体积。

重力循环作用压力的大小与供、回水的密度差和锅炉中心与散热器中心的垂直距离有关。如果提高系统的循环作用压力，可加大锅炉中心与散热器中心的垂直距离，也就是锅炉的位置应尽可能降低。但重力循环系统的作用压力一般都不大，效果不理想。

（2）重力循环热水供暖系统的形式及特点

重力循环热水供暖系统的两种主要形式：

图 4-7 为双管上供下回式系统；图 4-8 为单管上供下回式（顺流式）系统。

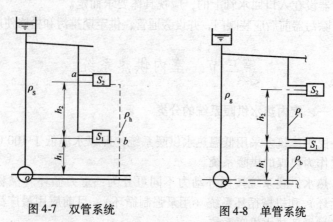

图 4-7 双管系统　　　　图 4-8 单管系统

双管和单管上供下回式系统的供水干管敷设在所有散热器之上，回水干管敷设在所有散热器之下。

双管上供下回式系统的特点：各层散热器都并联在供、回水立管之间。热水直接经供水干管、立管进入各层散热器，冷却后的回水，经回水立管、干管直接流回锅炉，如果不考虑水在管道中的冷却，则进入各层散热器的水温相同。由于每组散热器与热源的垂直距离不同，因而循环的动力不同，这样靠近上部的大于下部的，导致流量分配的差异，即：流经上部散热器的水量大于下部，上面房间热而下面房间冷，这种现象称为垂直失调。

单管上供下回系统的特点：热水进入立管后，由上向下顺序流过各层散热器，水温逐层降低，各组散热器依次串联在立管上。每根立管（包括立管上各层散热器）与锅炉、供回水干管形成一个环路，且各立管环路是并联关系。运行中要保证各房间供暖效果相同，通常的做法是增加底层散热器的片数。

2. 机械循环热水供暖系统的形式及特点

机械循环热水供暖系统与重力循环系统的不同之处就是设置了循环水泵，为水循环提供动力。这虽然增加了运行管理费用和电耗，但系统循环作用压力大，管径较小，系统的作用半径会显著提高。

机械循环热水供暖系统，按管道敷设方式的不同，分为垂直式和水平式系统。

（1）垂直式系统

常用的为上供下回式。

上供下回式机械循环热水供暖系统也有单管和双管系统两种形式。

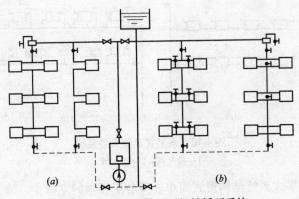

图4-9 单管式上供下回机械循环系统
(a) 单管顺流式　(b) 单管跨越式

图4-9为单管式上供下回机械循环系统,最右侧立管为单管跨越式,立管中的水一部分流入散热器,另一部分直接通过跨越管与散热器的出水混合后进入下一层散热器。这种系统可以在散热器支管或跨越管上安装阀门,调节进入散热器的流量,使其适于房间温度变化的要求。具有系统形式简单,施工方便,造价低等特点,是一种被广泛采用的形式。

双管系统的垂直失调问题在机械循环热水供暖系统中仍然存在,因此设计计算时必须考虑各层散热器并联环路之间的作用压力差。

(2) 水平式

图4-10中(a)水平单管顺流式系统将同层的各组散热器串联在一起,热水水平地顺序流过各组散热器,它同单管系统一样,不能对散热器进行个体调节。

图4-10中(b)为水平单管跨越式系统,该系统在散热器的支管间连接一跨越管,热水一部分流入散热器,一部分经跨越管直接流入下组散热器。这种形式允许在散热器支管上安装阀门,能够根据需要调节。

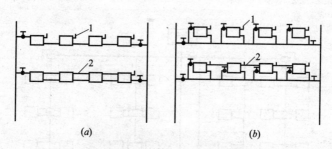

图4-10 水平式单管采暖系统
1—放气阀；2—空气管

水平式系统结构形式简单,穿各层楼板的立管少,施工安装方便,顶层不必专设膨胀水箱间,可利用楼梯间、厕所等位置架设膨胀水箱,不影响建筑结构外形,且总造价比垂直式低。但该系统必须考虑好空气的排除问题，可通过在每组散热器上设放气阀排空气，也可在同一楼层散热器上部串联水平空气管，通过空气管末端设置的放气阀集中排气。

水平式系统也是目前居住建筑和公共建筑中应用较多的一种形式。现阶段各地民用住宅供暖提倡进行分户控制和计量，供暖系统可以在专用管道井内采用双管制式，设总供、回水立管；从管道井内的供水立管上引出供水支管向各用户供暖，各用户内部采用水平串联的形式，用户的回水支管再引回到管道井内的总回水立管上；管道井内的分户供、回水支管上应设置控制阀门，各用户的引入管上应安装热表，以计量用热量，这便于分户管理和调节。但如果水平串联的散热器组数过多，末端的几组散热器的供水温度会很低，会出现片数过多，不易布置的情况。

(3) 机械循环系统特点

系统靠水泵提供动力，强制水在系统中循环流动。循环水泵一般设在锅炉入口前的回水干管上，该处水温最低，可避免水泵出现气蚀现象。

系统膨胀水箱设置在系统的最高处，水箱下部接出的膨胀管连接在循环水泵入口前的回水干管上，其作用除了容纳水受热膨胀而增加的体积外，还能恒定水泵入口压力，保证供暖系统压力稳定。

机械循环上供下回式系统水平敷设的供水干管应沿水流设上升坡度，并在供水干管末端最高点处设置集气罐，以便空气能顺利地和水流同方向流动，集中到集气罐处排空气。另外，回水干管也应采用沿水流方向下降的坡度，以便于集中泄水。

3. 同程式和异程式系统

前面介绍的各种供暖方式，在供、回水干管布置方面都有一个特点：通过各个立管的循环管路的总长度并不相等，这种布置方式称为异程式系统。

异程式系统供、回水干管的总长度短，但在机械循环中，由于作用半径大，连接立管较多，因而通过各个立管环路的压力损失较难平衡。在靠近总立管的地方压力过高,而远离总立管是地方压力过低,流量不足,这种在远近立管处出现流量失调而引起水平方向冷热不均的现象,称为系统的水平失调。

为了减轻水平失调,使各并联环路的压力损失易于平衡,多采用同程式系统。同程式系统各立管的循环环路总长度相等,阻力易于平衡;但同程式系统会增加干管的长度,从而增加了管道的金属耗量,所以管道布置时需要精心考虑,布置得当。

无论是哪种供暖系统,都应考虑系统充水时,空气如何排净的问题。随着水温的升高或水在流动中压力的降低,水中溶解的空气会逐渐析出,空气会在管道的某些高点处形成气塞,阻碍水的循环流动;如果空气积存于散热器中,散热器就会不热;另外,空气中的氧气还会加剧管路系统的腐蚀,因此重力循环上供下回式热水供暖系统的供水干管应顺水流方向设下降坡度,坡度值为0.5%~1.0%;散热器支管也应沿水流方向设下降坡度,坡度值为1.0%,以便空气能逆着水流方向上升,聚集到供水干管最高处设置的膨胀水箱排除;回水干管应该有向锅炉方向下降的坡度,以便于系统停止运行或检修时能通过回水干管顺利泄水。

4. 室内热水供暖系统管路布置和敷设要求

(1) 管路布置要求

室内热水供暖系统管路布置的合理与否,直接影响工程造价和系统的使用效果,应综合考虑建筑物的结构条件,力求系统结构简单,使空气能顺利排出。管路应在合理布置的条件下,尽可能地短,节省管材和附件,便于运行调节和维护管理,应尽可能做到各并联环路热负荷分配合理,使阻力易于平衡。

室内供暖系统引入口的设置,应根据热源和室外管道的位置,还应考虑有利于系统的环路划分,一般在建筑物中部设一个引入口。

(2) 敷设要求

室内供暖系统管道应尽量明设,以便于维护管理,有特殊要求或影响室内整洁美观时，才考虑暗设。敷设时应考虑：

1）上供下回式系统的顶层梁下和窗顶之间的距离应满足供水干管的坡度和集气罐的设置要求。

2）回水干管如果敷设在地面上，底层散热器下部和地面之间的距离也应满足回水干管敷设坡度的要求。

3）回水干管过门时，如果下部设过门地沟或上部设空气管，应考虑坡度，解决好泄水和排空气问题（图4-11）。

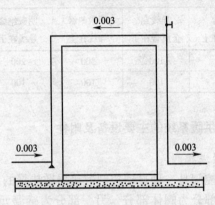

图4-11　回水管道上部过门

4）立管应设置在外墙角处，以补偿该处过多的热损失，防止该处结露。楼梯间或其他有冻结危险的场所，应单独设置立管，该立管上各组散热器的支管均不允许安阀门。

双管系统的供水立管应置于面向的右侧。如果立管与散热器支管相交，支管应搣弯绕过立管。

5）室内供暖系统的引入管、出户管上应设阀门，以便于检修、关闭。

6）散热器的供、回水支管应考虑避免散热器上部积存空气或下部放水时放不净，应沿水流方向设下降的坡度。

7）穿过建筑物基础、变形缝的供暖管道，以及镶嵌在建筑结构里的立管，应采取防止由于建筑物下沉而损坏管道的措施。当供暖管道穿过隔墙和楼板时，宜装设套管。

8）供暖管道多采用水煤气管和钢管，管径小于或等于32mm宜采用螺纹连接；管径大于32mm宜采用焊接或法兰连接。管道敷设在管沟、闷顶、管道竖井内或易冻结的地方时，应采取保温措施。

9）室内供暖管道与电气、燃气管道的最小净距还要满足表4-5的要求。

室内供暖管道与电气、燃气管道的最小净距（mm） 表4-5

热水管	导线穿金属管在上	导线穿金属管在下	明敷绝缘导线在上	明敷绝缘导线在下	燃气管
平行	300	100	300	200	100
交叉	200	100	100	100	20

二、室内供暖系统的主要设备及附件

1. 散热器温控阀

散热器温控阀是一种自动控制散热器散热量的设备，它由两部分组成。一部分为阀体部分，另一部分为感温元件控制部分。它可以根据设定温度自动调整介质流量，温控阀控温范围在13～28℃之间。

散热器温控阀具有恒定室温、节约热能的主要优点，主要用在双管热水供暖系统上，近年来，我国已有定型产品并已广泛使用。

2. 散热器

散热器的功能是将供暖系统的热媒所携带的热量，通过散热器壁面传给房间。

（1）分类及性能

目前，国内生产的散热器种类繁多，按其制造材质可分为铸铁型、钢制型、铝制型和塑料型；按结构分，有管型、柱型、翼型和板型；按传热方式分，有对流型和辐射型。

1）铸铁散热器

铸铁散热器长期以来被广泛应用。因为它具有结构比较简单、防腐性好、使用寿命长以及热稳定性好的优点；但它的突出缺点是金属耗量大，制造安装和运输劳动繁重，生产铸造过程对周围环境造成污染。我国应用较多的铸铁散热器是柱形散热器。

柱形散热器　柱形散热器是呈柱状的单片散热器。我国目前常用的柱形散热器有二柱 M132（图4-12）和四柱（图4-13）形两种。柱形散热器与翼形散热器相比，传热系数高，外形美观，易清除积灰，容易组成需要的散热面积，过去被广泛应用于住宅和公共建筑中。

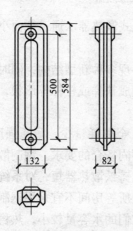
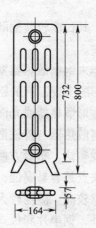

图4-12　二柱 M132 铸铁散热器　　图4-13　四柱 800 型铸铁散热器

2）钢制散热器

目前我国生产的钢制散热器主要有下面几种形式：

① 钢制柱式散热器　钢制柱式散热器的构造和铸铁散热器相似，每片也是有几个中空立柱。其高度多为640mm。这种散热器一般每组片数不超过20片。柱式散热器的传热系数远高于钢串片和板式散热器，但制造工艺较复杂。

② 板式散热器（图4-14）和扁管式散热器　扁管式散热器的板型有单板、双板、单板带对流片和双板带对流片四种结构形式。板式散热器与扁管式散热器厚度较薄，易于靠墙布置减少占

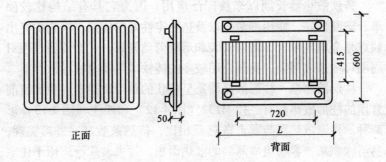

图 4-14 钢制板式散热器

地面积,其长度较其他散热器大。板式散热器水通道截面小,防堵能力差。

近年来钢制散热器发展迅速,出现多种新型结构,同时更加注重外形的美观。有的钢制散热器做成扶梯或栏杆等形状,其结构类似柱形散热器或光面管散热器。

钢制散热器与铸铁散热器相比,金属耗量少,耐压强度高,外形美观整洁,布置方便,易适应不同场合的要求。钢制散热器的主要缺点是容易腐蚀,使用寿命比铸铁散热器短,对系统内补水的要求较高。湿度较大的浴室、厕所等房间不宜采用钢制散热器。此外,钢串片和板式散热器,它们的水容量较小,热稳定性差。在供水温度偏低时散热器散热效果明显降低。

(2) 散热器的布置原则

在布置散热器时,要注意以下规定:

1) 散热器一般布置在房间外墙一侧,有外窗时应装在窗台下。

2) 楼梯间的散热器应尽量布置在底层,或按一定比例分配在下部各层。

3) 散热器一般明装,即敞开设置或安装于深度不大于130mm 的墙槽内。布置简单或内部装修要求较高的民用建筑可采用暗装。

4）托儿所和幼儿园应暗装或设防护罩，以防烫伤儿童。

5）为保证散热器的散热效果和安装要求，散热器底部距地面高度通常为150mm，不得小于60mm，顶部离窗台不得小于50mm，后侧与墙面净距不得小于25mm。

6）为防止冻裂散热器，两道外门之间，不准设置散热器。在楼梯间或其他有冻结危险的场所，其散热器应由单独的立、支管供热，且不得装设调节阀。

7）在垂直单管或双管热水供暖系统中，同一房间的两组散热器可以串联连接；储藏室、盥洗室、厕所和厨房等辅助用室及走廊的散热器，可同邻室串联连接。两组串联散热器之间的串联管道直径需与散热器接口直径（一般为$DN32$）相同，以便水流畅通。

8）铸铁散热器的组装片数，不宜超过下列数值：

二柱（M132型）——20片；

柱形（四柱）——25片。

3. 热风采暖设施

热风采暖系统是以空气为热媒，首先将空气加热，然后将加热的空气送到室内，达到加热房间的目的。在这种系统中，空气可以通过蒸汽、热水、高温烟气或电热设备加热。

热风采暖比较经济，它有升温快、室内分布均匀、设备简单和投资小的优点。

根据送风方式的不同，热风采暖有集中送风、风道送风和暖风机送风等几种基本形式。在民用建筑中，多采用暖风机送风。

4. 风机盘管

风机盘管其实就是一个风扇，功率随风量的大小而定。在内部有铜管，可以走热水和冷水。冬天时，热水从供暖系统主管进入铜管内循环，经过盘管的风扇把暖气吹出来；夏天时，冷水从制冷系统主管进入铜管内循环，同理制冷；以保持房间温度的恒定。风机盘管加热和制冷的空气是室内的再循环空气。

5. 热量表

热量表用于集中供暖系统中分户计量用户实际用热量,作为用户需缴纳采暖费用的依据。

安装热量表前应先把管道冲洗干净。热量表必须水平安装于供热系统热水口处,而且仪表上安装方向标志一定要和管道中的水流方向相同,两只温度传感器应根据热量表的安装方式按照图4-15装入球阀;安装及使用时,应保持仪表洁净、干燥,且勿使液体流入热量表。

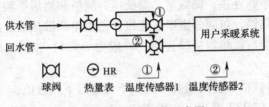

图4-15 热量表安装示意图

6. 阀门

阀门是用来开闭管路和调节输送介质流量的设备。在供热管道上,常用的阀门有:截止阀、闸阀、蝶阀、止回阀和调节阀等。

(1) 截止阀

见图4-16,启闭件为阀瓣,由阀杆带动,沿阀座轴线作升降运动。可作开启、关闭和调节流量之用。具有关闭严密,开启省力,关闭后填料不与介质接触,便于检修的特点。但流体阻力大,安装时应注意方向(流体流向为低进高出)。

(2) 闸阀

见图4-17,启闭件为阀板,由阀杆带动阀板沿阀座密封面作升降,可控制启闭。具有流体阻力小、流量大,启闭较省力的特点,但机构复杂,外形尺寸较大,密封面易磨损。通常用于200mm以上的管道上。

截止阀和闸阀主要起开闭管路的作用,调节性能不好,不宜用来调节流量。

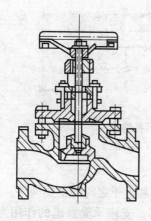

图 4-16 直通式截止阀　　图 4-17 明杆平行式双板闸阀

截止阀和闸阀的连接方式可用法兰、螺纹连接或采用焊接。他们的操作方式可用手动操作、齿轮、电动、液动和气动等方式。

(3) 止回阀

又称逆止阀。启闭件为阀瓣,能自动阻止介质逆流。可自动启闭、控制水流沿一个方向流动,反向流动时会自动关闭。止回阀常安装在泵的出口、疏水器出口管道上,以及其他不允许流体反向流动的地方。

(4) 球阀

启闭件为球体,操纵手柄旋转 90°即可全开或全关。它具有操作简单、启闭迅速、便于维修、体积小、流动阻力小的特点,适用于多种介质,应用范围广,工作压力从真空到高压都可,但不宜用于高温介质中。

当需要调节供热介质的流量时,在管道上应设置手动调节阀或自动流量调节装置。

7. 补偿器 (见图 4-18)

自然补偿器是利用管道的自然转弯来补偿管道的热膨胀。常见的自然补偿器有 L 形、Z 形自然补偿器。自然补偿器结构简单,但补偿量小,并且管道变形时会产生横向位移。

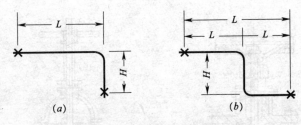

图 4-18 L形、Z形补偿器
(a) L形补偿器；(b) Z形补偿器

8. 管道支座

供热管道的支座是位于支承结构和管子之间的主要构件，它支承管道或限制管道产生形变和位移。支座承受管道的作用力，并将这些力传递到建筑结构或地面的管道构件上。

(1) 悬吊支架

悬吊支架常用在供热管道上。管道用抱箍、吊杆等构件悬吊在承力结构下面，悬吊支架构造简单，管道伸缩阻力小，管道位移时吊杆发生摆动，因各支架吊杆摆动幅度不一，难以保证管道轴线为一直线，因此管道热补偿需采用不受管道弯曲变形影响的补偿器。

(2) 管道的固定支座

用在不允许有轴向位移的地方，均匀分配补偿器间的管道热膨胀。因此，两个固定支座之间必须装设补偿器。

9. 管道保温

室外供热管道及其附件保温的主要目的在于减少热量传输过程中的热损失，节约燃料；保证操作人员安全，改善劳动条件；保证热水的使用温度等。

管道的保温结构是由保温层和保护层两部分组成。

保温层常用的材料是岩棉板（管壳）、硅酸铝板（管壳）、复合硅酸盐板（管壳）、微孔硅酸钙等，近年来又推出了陶瓷纤维甩丝毯、镁铝C板（管壳）等改性材料，材料性能及保温效果有了很大的提高。

保护层一般采用镀锌薄钢板或不镀锌的黑薄钢板。也可采用薄铝板，铝合金板等板材。金属作保护层的优点是结构简单、重量轻、使用寿命长，但其造价高，易受化学腐蚀，只宜在架空敷设上应用。毡、布类保护层常用玻璃布沥青毡、玻璃钢等，它们的防水性能好、施工方便，但只宜在室内或地沟等处应用。

管道防腐、保温结构如图4-19所示。

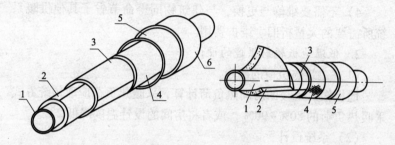

图4-19 保温、防腐结构

1—内钢管；2、3—复合硅酸盐保温层； 1—内钢管；2—保温层；3—镀锌薄钢板；
4—保护层；5—钢套管；6—防腐层　　　 4—镀锌钢丝网；5—保护层

三、辐射供暖

辐射供暖主要是通过辐射散热设备散出的热量，来满足房间或局部工作地点供暖要求的。民用建筑常用的为低温地板辐射供暖系统。

1. 低温地板辐射供暖的特点

（1）舒适性

1）辐射供暖的房间四周物体表面温度比空气温度高出1～3℃，减少了对人体的冷辐射，提高了舒适性。

2）辐射供暖的房间温度均匀。

3）辐射供暖在辐射强度和温度的双层作用下使人体四肢和躯干温差趋于0℃，营造出了真正适合人体的散热状态，更接近于大自然。

(2) 经济性

1) 在同样的舒适情况下，辐射供暖房间的设计温度可比对流供暖房间低 2~3℃，房间的热负荷减少 10%~20%。

2) 不占使用面积，便于室内装修和家居布置。

3) 热媒可采用集中供热、地热、太阳能、工业余热等，充分利用热源。

4) 不需要维修与更换，与建筑物同寿命节省了其他供暖系统所需要的大量折旧、维护费用。

2. 低温地板辐射供暖的设计

(1) 建筑热负荷的确定

地板辐射采暖的房间热负荷计算，采暖热负荷应取传统方式采暖热负荷的 80%~90%，或者将房间的设计温度降低 2℃。

(2) 系统设计

系统设计主要介绍低温热水地板辐射供暖。

与传统散热器采暖方式相比，地板辐射采暖设计主要在于室内热水盘管的设计和水力平衡设计。室内热水盘管的管径和间距可根据室内设计温度、管中平均水温、预计的地面层材料和由计算热负荷所得的地面散热量确定。设计时，为了保证水力平衡，应尽量使同一热媒集配装置的各分支路的加热管长度一致，并不超过 120m。为了保证地面和房间的温度均匀，房间加热管的间距不宜大于 300mm，可采用 S 型或双回字形的布管方式。

对于低温辐射供暖系统，可采用的地板表面适宜温度为 24℃。

3. 低温热水地板辐射供暖

(1) 安装技术要求

辐射地板的埋地管材种类较多，但现在都用塑料管。塑料管的防腐性能使其寿命最多可达 50 年。常见的塑料管材有耐高温聚乙烯（PE—RT）管、聚丁烯（PB）管、交联聚乙烯（PE—X）管、无规共聚聚丙烯（PP—R）管和耐冲击共聚聚丙烯

(PP—R)管等。管道可按设计要求长度生产,常用埋地管管材规格有 16m×13mm、20m×16mm、25m×20mm,埋设部分无接头。

低温热水地板辐射供暖的埋管环路布置有多种形式,为使地面温度尽可能分布均匀,一般采用双回型(图4-20)。其特点是高温管和低温管间隔布置,双回型布置地面温度分布比较均匀。为避免单个回路过长而导致供回水温差过大或水流阻力过大,通常采用多个并联回路,利用分水器和集水器(图4-21)分配流量。

图 4-20 地板采暖平面图

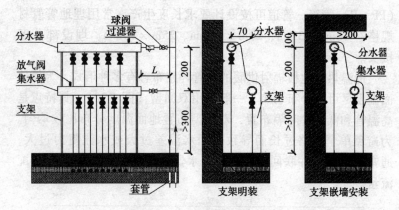

图4-21 分/集水器安装示意图

1) 低温热水地板辐射采暖结构层厚度：住宅不小于70mm（不含地面层及找平层）；

2) 热媒温度60℃，供回水温度差8～15℃，管压力根据设计环境确定；

3) 散热量因地面材质、供回水温度、管间距和室内要求温度而不同。一般管间距为100～350mm，散热量分别为：瓷砖类60～240W/m²，木地板45～170W/m²，塑料类45～200W/m²，地毯35～140W/m²。

(2) 低温地板辐射采暖的施工一般步骤

1) 地面隔热材料施工，主要是加设复合保温层（常见的有聚苯乙烯板）或加气混凝土；

2) 铺设采暖埋管，水管铺设一般分标准配管法和环路配管法；

3) 加设固定卡具，固定卡具有嵌入式固定卡具和环状固定卡具；

4) 浇筑豆石混凝土，浇筑时一定要注意避免损伤埋管，且应根据房间大小或按照设计加设伸缩缝；

5) 水泥砂浆找平，铺设地面层，上部可根据不同需要，铺设瓷砖、大理石或木地板。

(3) 低温地板辐射采暖的施工方法

混凝土埋管做法（图4-22）：接触土壤或室外空气的地板上铺设防潮层，再敷设保温层，或是保温层直接铺设在上下为供暖房间的楼板上；塑料管则利用勾钉固定在保温板上（也可以采用其他固定方式），其上覆以一定厚度的碎石混凝土作为现浇层，并埋以钢丝网加固防裂，然后再敷设地砖或地板。现浇层中塑料管顶上的混凝土层的厚度不小于30mm，40mm左右比较常见。保温板如采用聚苯乙烯泡沫塑料，一般厚度在30mm上下。沿墙四周一般做边缘保温层，减少水平热损失。当上下层同时供暖时可以不设保温层，以降低造价，但上下表面供热量需进行修正。混凝土埋管结构还有多种做法。对于新建建筑，塑料管也可预先埋设在预制楼板中，与建筑结构结合成一体。这种做法既减少造价，也减小了地板的厚度，但基本不可能维修，同时必须双向供暖。混凝土埋管结构施工相对简单，目前在国内应用较多。

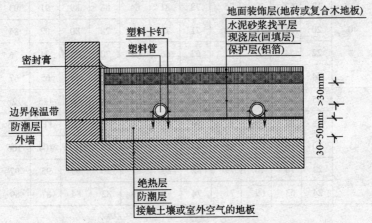

图4-22 低温热水辐射采暖地板结构剖面示意图

在敷设埋管时，可根据系统的供回水温度、室内计算温度以及房间的热负荷从表4-6、表4-7中选择合适的埋管间距。

水管管径（内径、外径）= 16～20mm，绝热层厚度35mm，地面砖厚度10mm（一般8～10mm厚），瓷砖 $R = 0.01/1.15 =$

0.008 7m² · K/W。地面层为塑料和大理石地板砖。可通过查有关文献中的线算图得到。

地面层为木地板的散热量与热水管敷设间距　　表4-6

管道内水的平均温度（℃）	室内计算温度（℃）	热水管间距（mm）									
		300	250	225	200	175	150	125	100	75	50
		地板散热量（W/m²）									
35	15	61	66	68	71	73	76	78	80	83	84
	18	51	56	58	60	62	64	66	68	70	71
	20	45	49	51	53	55	56	58	60	61	63
	22	39	42	44	45	47	49	50	52	53	54
	24	35	35	35	37	38	40	42	43	45	46
40	15	76	83	86	89	92	95	98	101	104	106
	18	67	72	75	78	81	84	86	89	91	93
	20	61	66	68	71	73	76	78	80	82	84
	22	54	59	61	63	66	68	70	72	74	76
	24	48	52	54	56	58	60	62	64	65	67
45	15	92	99	103	107	111	115	119	122	125	128
	18	82	89	93	96	100	103	106	110	112	115
	20	76	83	86	89	92	95	98	101	104	106
	22	76	76	79	82	84	87	90	93	95	97
	24	63	69	71	74	77	79	82	84	87	89

埋地管铺设完毕后应先试压，然后在保持水压的条件下，铺碎石子混凝土埋管层。在地板面层安装前，应先将埋管层加热，使混凝土中水分散去。面积超过40m²的地面需要设置膨胀缝，对长宽比达到1:2的地块，单边长不宜超过8m，膨胀缝宽最小为8mm，可采用高弹性的硅树脂等填充。

地面层为瓷砖的散热量与热水管敷设间距　　　　表 4-7

平均水温(℃)	室温(℃)	下列热水管间距（mm）条件下地板散热量（w/m²）								
		300	275	250	225	200	175	150	125	100
35	15	88	93	98	103	110	115	122	128	133
	18	74	80	85	89	93	97	102	109	113
	20	65	69	73	77	80	84	90	94	99
	22	56	59	62	66	69	72	76	80	84
40	15	110	117	123	130	137	144	151	158	165
	18	95	101	108	114	120	127	132	139	148
	20	88	93	98	103	110	115	122	128	133
	22	79	83	88	92	98	103	109	114	120
45	15	132	140	149	156	162	172	180	189	198
	18	120	128	133	140	149	157	164	171	179
	20	110	117	123	130	137	144	151	158	165
	22	100	107	112	119	125	131	139	146	152
50	15	155	164	172	180	189	200	209	219	230
	18	143	152	160	170	176	185	194	202	212
	20	132	140	149	156	162	172	180	189	198
	22	125	133	140	149	154	162	170	177	186
55	15	175	185	194	204	213	226	237	249	261
	18	164	174	182	191	200	212	221	233	243
	20	155	164	172	180	189	200	209	219	230
	22	148	154	162	170	178	188	197	206	216

辐射地板运行初期水温应逐步升温，以避免升温过快而导致地板表面龟裂。

4．电热膜辐射供暖

电热膜采暖将发热电缆铺设在顶棚、墙壁中或地板下。一次性投入少，使用寿命长。在密封、保温、隔热性强的节能型住宅中使用较为节能，运行费用应在燃煤与燃气之间。各房间自行调温。尽管争议较大，但采用电力采暖绝对是趋势。

第四节 供暖系统设计

一、热负荷和散热器数量的计算

1. 热负荷的计算

供热指标是在当地室外采暖设计温度下，单位建筑面积维持在设计规定的室内温度下所消耗的热量，单位是 W/m^2，它是确定热负荷的基础。

传统散热器的采暖热负荷：

$$Q = q_0 \times A \qquad (4-1)$$

式中 q_0——供热指标（W/m^2）；

A——建筑面积（m^2）。

2. 散热器数量的计算

各类建筑物供热指标及采暖系统所需散热器的片数

各类建筑物供热指标及采暖系统所需散热器的片数　　表 4-8

序号	建筑物类型	供热指标 q_0（W/m^2）	四柱 640 型 片数（片/m^2）	M-132 型 片数（片/m^2）
1	多层住宅	58~64	0.630~0.696	0.468~0.518
3	办公楼、学校	60~80	0.652~0.87	0.485~0.647
4	影剧院	95~115	1.033~1.25	0.768~0.930
5	医院、幼儿园	65~80	0.707~0.87	0.526~0.647
6	旅馆	60~70	0.652~0.761	0.485~0.566
7	大礼堂、体育馆	115~165	1.250~1.793	0.930~1.333
8	商店	65~80	0.707~0.87	0.526~0.647
9	食堂、餐厅	115~140	1.250~1.522	0.930~1.132

说明：

（1）此表是散热器恒定在 64.5℃ 传热温差情况下的数量，即供回水温度为 95/70℃，室内设计温度为 18℃ 的情况下。

（2）房间内散热器数量的调整：

① 朝向修正：朝南房间减一片，朝北房间加一片。

② 窗墙比修正：有门窗的房间比只有窗而无外门面积朝向均相同的房间多两片。

③ 角隅房间（具有两面外墙的房间）：按估算值再增加一倍。

④ 传热温差 $\triangle t = t_{pj} - t_n$，如当供回水温度为 95℃/70℃，室内计算温度为 18℃ 时：

$$\triangle t = t_{pj} - t_n, = \frac{95+70}{2} - 18 = 64.5℃。$$

上表中未列温度可根据内差法确定。

二、室内管网管径计算

可根据房间的热负荷，直接从表 4-9 中选取。

热水采暖系统管径估算表　　　　　表 4-9

DN (mm)	热负荷范围 (W)	比摩阻 (Pa/m)	流速范围 (m/s)	散热器片数 (四柱 640 型)
15	5 814 ~ 9 302.4	120.48 ~ 297.13	0.29 ~ 0.46	63 ~ 101
20	1.37×10^4 ~ 2.33×10^4	131.30 ~ 367.88	0.37 ~ 0.64	146 ~ 253
25	2.44×10^4 ~ 4.80×10^4	116.17 ~ 431.98	0.41 ~ 0.81	265 ~ 518
32	5.23×10^4 ~ 10.47×10^4	118.39 ~ 458.8	0.51 ~ 1.01	568 ~ 1 112
40	8.43×10^4 ~ 20.93×10^4	146.89 ~ 876.83	0.62 ~ 1.54	916 ~ 2 275
50	17.44×10^4 ~ 34.88×10^4	159.85 ~ 625.46	0.77 ~ 1.54	1 896 ~ 3 792
65	33.43×10^4 ~ 55.23×10^4	156.36 ~ 420.44	0.89 ~ 1.48	3 634 ~ 6 067
80	58.14×10^4 ~ 81.40×10^4	192.70 ~ 401.26	1.11 ~ 1.61	6 320 ~ 9 101

续表

DN (mm)	热负荷范围 (W)	比摩阻 (Pa/m)	流速范围 (m/s)	散热器片数 (四柱640型)
100	$98.83 \times 10^4 \sim 151.16 \times 10^4$	$130.73 \sim 302.46$	$1.09 \sim 1.66$	$10\ 745 \sim 16\ 433$
125	$168.61 \times 10^4 \sim 203.49 \times 10^4$	$124.48 \sim 180.44$	$1.22 \sim 1.47$	$18\ 330 \sim 22\ 754$
150	$261.63 \times 10^4 \sim 261.63 \times 10^4$	$119.44 \sim 119.44$	$1.33 \sim 1.33$	$30\ 339 \sim 30\ 359$

其他形式的散热器可参照上表及前面表4-7、表4-8进行换算。

三、循环水泵、补水泵的选择

水泵的选择，主要由其扬程和流量决定。

（1）循环水泵的选择计算

计算流量为

$$G = 1.05 \times 0.86 \frac{Q}{(t_g - t_h)} \tag{4-2}$$

式中　Q——计算热负荷；

t_g、t_h——循环水的供、回水温度；

1.05——选水泵所需流量富余系数。

计算扬程为

$$H = 1.2\Delta H \tag{4-3}$$

式中　ΔH——管网总阻力损失；

1.2——所需扬程富余系数。

循环水泵承压、耐温能力应与系统设计参数相适应。

（2）补水泵的选择计算

补水泵的作用是在供热系统运行前，向系统充水；在系统运行中，补偿系统漏水量。

计算流量为系统允许漏水量的4倍；

补水泵计算扬程为

$$H_b = H_j + \Delta H_b - Z_b \tag{4-4}$$

式中　H_j——系统定压点压力（mH_2O）；

ΔH_b——补水系统管路的阻力损失（mH_2O）；

Z_b——补水箱水位与补水泵之间的高度差（m）。

第五节 几种供热方式的经济、性能比较

一、供暖方式的特性比较

供暖方式多种多样，各有特点。表4-11综合了国内常见供暖方式的特性。

常见供暖方式的特性　　　　　表4-10

供暖方式		优　点	缺　点
集中热水供暖系统	热电联产	经济、节能、环保	投资大、建设周期长，供热不灵活，有事故或维修时影响较大，运行管理费用高
	区域锅炉及小型锅炉	配备有较完备的水处理装置和消烟除尘设备，其节能、环保及运行效率都很高，投资小，建设周期短	分散的小型燃煤锅炉热效率低，消烟除尘效果不好
	分户计量	可实现对每户的供暖调节和计量	需设置锁闭阀和调节阀，增加了一次性投资
单户供暖	家用燃气采暖系统	清洁环保、调节灵活、节能、设备小巧美观、安装简便、易于操作、便于计量	与燃煤相比运行费用高
单户供暖	电暖气供暖	购买、安装、使用方便，供暖速度快，调节灵活，安全可靠，美观清洁	运行费用高

续表

供暖方式		优点	缺点
地板辐射供暖	低温热水	热舒适性好、节能、能够保持室内较好的卫生条件和有利于分户计量和控制	房间层高增加,土建费用增加
	电热膜	具有辐射供暖共同的特点,卫生条件和舒适标准都比较高	运行费用高,在非热电联产为主的电网中一次能源利用率较低
热泵	空气源热泵	制热效率高	供暖效率随室外温度的下降而下降,在严寒或易结霜的地区不宜采用
	水源热泵	水热容量大,传热性能好,一般水源热泵的制冷供热效率高于空气源热泵,节能、环境效益显著	受水源的限制
	地源热泵	利用可再生的地能资源,经济、有效、节能、环境效益显著	一次性投资及运行费用高,可能带来地质环境问题

二、不同供热方式的投资成本与运行成本比(表4-11)

不同供热方式的投资成本与运行成本比较 表4-11

供暖方式		初投资(元/m^2)		运行费用
		热源+管网	室内系统	(元/$m^2 \cdot a$)
热电联产+集中热水供暖系统	一般散热器	50	40	25
	分户计量(温控)		40+20	
区域锅炉及小型锅炉+集中热水供暖系统	一般散热器	40	40	25
	分户计量(温控)		40+20	
家用燃气壁挂炉单户供暖系统		80	40+20	52
电暖气单户供暖		40	0	60

续表

供暖方式			初投资（元/m²）		运行费用
			热源+管网	室内系统	（元/m²·a）
地板辐射供暖	热电联产	低温热水	50	70+20	25
	区域锅炉		40	70+20	25
	电热膜		0	100	54
	发热电缆		0	120	35
热泵+分户计量	空气源热泵		350	40+20	70
	水源热泵		325	40+20	45
	地源热泵		325	40+20	45

注：电价：每度 0.52 元；天然气价格：每立方米 2 元。

第六节 供热系统的运行管理

一、热源设备的维护管理

1. 水泵的管理

热水采暖系统中，循环水泵是关键设备。一般设置两台，一台工作，一台备用。处在备用的水泵应仔细检查，定期维护，做好随时运行的准备。

泵运行前压水管上的阀门应处于关闭状态，启动水泵后再慢慢打开；停泵时先断电源，然后依次关闭吸水管和压水管的阀门。

运行中应定期向水泵轴承加入润滑油，确保轴承处于良好的润滑状态。

水泵填料盒中的填料既要填装密实又不能填装过紧，以运行时填料盒中偶尔淌出水滴为最佳。

水泵运行期间要经常注意其工作状况的变化，并通过运行中的响声判断其是否运行正常。

2. 阀门与法兰的维护

运行期间要做好阀门的维护工作。阀门要始终保持易开易关状态。阀杆要定期用润滑油润滑，填料要填装得松紧适度，阀门外表面要时常打扫，保持清洁。

所有的法兰连接都要保持严密不漏水。法兰连接哪怕只有轻微漏水，时间一长也会造成垫片损坏，垫片损坏应及时更换。法兰连接上的螺栓、螺母要保持齐全，随缺随配。

3. 压力表的维护

当系统中安装有压力表时要经常维护定期校验，确定压力表指示准确。运行中要经常观察表的示数，尽可能使系统在额定参数下运行。经常清理管道及滤网，防止堵塞信号管。运行中如发现同一管道系统两端指示偏差较大时，管段内可能有堵塞，应及时清理；当指针摆动过大时，系统内可能有空气，此时当及时排除系统内的空气。

二、管网的维护

1. 热水采暖系统的水质管理

热水采暖锅炉和热水采暖系统的锅炉补给水及系统循环水水质应符合《工业锅炉水质标准》，防止出现结垢和腐蚀现象。

《工业锅炉水质标准》GB 1576—2001 对热水锅炉的控制指标作了规定：

① 悬浮物，mg/L

采用锅内加药处理补给水：≤20

采用炉外化学处理补给水：≤5

② 总硬度，mmol/L

采用锅内加药处理补给水：≤3

采用炉外化学处理补给水：≤0.35

③ pH（25℃）

采用锅内加药处理补给水：>7，循环水：10~12

采用炉外化学处理补给水：>7，循环水：8.5~10

④ 溶解氧，mg/L

采用炉外化学处理补给水：≤0.1，循环水：≤0.1

注意：如采用炉外化学处理时，应符合热水温度大于95℃的水质指标。

2. 管网的维护

管网运行中要定期进行巡线，并检查以下内容：

① 地沟是否被水淹或有倒塌现象。

② 检查井盖板是否有损坏现象。

③ 管柱、管架晃动或倾倒，墙上支撑脱落现象。

④ 固定支架或活动支架是否损坏。

⑤ 管道是否有沉陷现象。

⑥ 阀门、法兰是否有歪斜裂缝或开裂现象。

⑦ 管道、设备连接口是否泄漏。

⑧ 套筒式伸缩器是否歪斜等现象。

⑨ 管道是否有腐蚀穿孔、开裂或堵塞现象。

3. 定期排气、排污

防止外部管网的腐蚀是管网维护工作中的重要内容。管网运行期间应做好排气和排污两项工作。坚持排气和排污是减轻腐蚀的有效措施。

① 定期排气 管网的排气应指定专人定期进行，排气时要等到从排气管流出热水，才能关上排气管上的阀门。

② 定期排污 管路必须坚持定期排污。排污时应当造成较高的水流速度，依靠强有力的水流把脏物冲出管外。

三、供热系统节能管理

在供暖期，供暖管理是以运行管理为主；在非供暖期，供暖管理则是以维修管理为主。

1. 非供暖期管理

非供暖期，供暖管理重点是要落实好年度供暖设备维修工程计划安排，即在每年供暖结束前，要将冬季锅炉运行出现的故障、问题进行汇总，并制定、实施年度维修计划（大修、中修、小修、日常保养）。

2. 供暖期管理

供暖期系统节能管理主要是集中采暖系统的运行调节。

集中采暖系统进入运行后，应当根据室外空气温度的变化采用不同的方式进行调节以便使系统的运行正常。

采暖系统试运期间由安装单位进行的第一次调节叫作初调节，它的目的是检查系统能否达到设计要求。系统进入运行后继续进行的调节叫做使用调节，或者称为运行调节或日常调节。它是系统运行期间的一项经常性任务。

(1) 热水采暖系统的运行调节

热水采暖系统的运行调节可以采用集中质调节，也可以采用集中量调节或质量调节。个别情况下也可以采用间歇调节。

集中热水采暖系统最常用的调节方式是集中质调节。集中质调节，是在水泵送入系统中的循环水量不变条件下，随着室外空气温度的变化，改变送入系统中的热水温度。

采暖系统运行曲线图，见图4-23。

(2) 暖气不热常见原因分析及排除方法

热水供暖系统暖气不热的情况多种多样，原因也是多方面的。下面就住宅小区内常见的几种暖气不热的情况，进行原因分析，并提出排除方法。

1) 住宅小区大面积暖气不热

这里所谓的大面积暖气不热，是指整个供暖小区室温达不到设计要求。

造成此类暖气不热的原因，按照顺序，常见的有以下几种：

① 锅炉出力不够

了解住宅小区的供暖总面积以及运行锅炉的总容量。经核算如确属锅炉出力不足，应考虑锅炉的运行、改造、扩建及增容；或采用其他辅助措施。

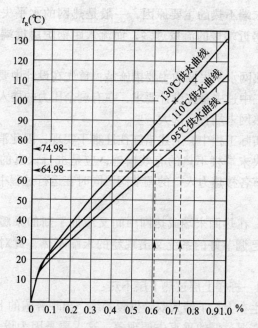

图 4-23 热水采暖系统运行曲线图

② 循环水泵容量不足

循环水泵容量不足的主要表现是锅炉供水温度比较正常,而回水温度明显低于正常数值,一般表明水泵偏小。此时应根据供暖系统现状确定所需泵的流量和扬程,核算循环水泵的流量及扬程,如确属水泵容量不足,应适当调整水泵。

③ 系统存在严重泄漏问题

当运行中发现压力不稳,系统补水量显著加大时,应考虑到系统存在严重泄漏点,此时要抓紧组织全面检查,特别是热网部分,直至找出泄漏地点,并进行补漏,使系统压力恢复正常。

2) 管网末端区域不热

这里所指的末端不热,是指小区中有部分距锅炉房最远的一些楼,在供暖期间整栋楼的室温普遍达不到要求,其他楼供暖正常。

造成末端不热的主要原因，一般是热网的水平失调，即流入距锅炉房近端楼的流量过多，而流入距锅炉房远端楼的流量过少。

防止热网水平失调的主要措施是：首先在设计中要有正确的计算，施工中过去是按设计要求，在有剩余压力的楼入口处装孔板，同时热网末端管径选大一些。

但在实际工程中，上述措施往往难于实现，因此消除热网水平失调解决末端楼不热的有效措施，应是进行认真的热网初调节，即调节各楼热力入口的调节阀，同时在运行过程中做好运行调节。

有时，在热网末端或热网中间又增加了新的采暖用户，往往会引起已调节好的系统又出现新的末端不热，此对应重新进行调节。

3）同一栋楼上层过热下层不热

多发生在上行下给式双管供暖系统，出现普遍的上层室温过高、下层室温过低的垂直失调现象。这主要是因为设计不正确，消除措施应进行认真的初调节，调节各层散热器支管上的阀门，将顶层关得最小，向下依次开大，底层全开。为防止上述情况发生，双管系统上行下给式最好应用在单层及两层的楼房。

4）整栋楼多组散热器或个别散热器无规律性不热

此种情况一般表现为各层皆有散热器不热的情况，且无规律性，这往往是由于在上水过程中因阀门开关问题造成的空气未排净而形成的。彻底解决的办法是将全楼的水全部排净，重新上水，上水前务必将全楼的阀门逐个进行检查，水满时每个集气罐处应有维修工负责排除空气。而且上水要从回水下管自下而上进行，严禁从供水管上水。

个别散热器不热的原因主要是散热器或支管存气。其原因是：散热器支管坡向不对，在支管内形成空气塞，造成不热，散热器或系统无排气装置，此时应调整坡向，塌腰处应调直，其三是因新系统清洗不彻底留下杂物或多年老系统大量的氧化生成物将支管全部或部分堵塞。

综上所述，采暖系统出现不热的原因在于系统管路是否畅通，供给水量是否满足系统需求，运行中围绕这两方面进行查找原因，并对症下药，方能解决存在的问题。

3. 其他节能方式

（1）热源处节能

在锅炉端增设气候补偿器和变频水泵，可以有效利用自由热并提高供热系统调节能力。

气候补偿器可根据室外温度的变化和用户在不同时段内对室温的不同要求，按照设定供热曲线求出合适的供水温度并自动控制供水温度，实现供热系统供水温度的气候补偿，避免了司炉工"看天烧炉"不够准确所造成的浪费。

（2）管网处节能

提高输送效率，加强管网系统的运行维护，加强管道保温，及时更换损坏阀门等措施都可以有效提高管网系统输送效率。

（3）热用户处

保证供暖系统水力平衡。供暖系统水力平衡可以通过计量仪表、设备及软件对供热系统中各项参数（流量、供回水温度、热能值等）进行实时监控和管理，依据数据对各热力入口的流量进行合理分配，同时依据数据诊断系统故障，减少系统运行损失。

另外，建筑物围护结构采用传热系数小的材料，可以减少50%的热损失，分户计量实际使用的热量也能使热用户主动节能。

第五章 农村燃气与沼气

第一节 农村燃气

一、农村燃气的输送与供应

1. 燃气的分类

燃气的种类很多,燃气输配系统采用的燃气主要有天然气、人工煤气和液化石油气。

2. 天然气的种类和特点

根据形成和开采方式的不同,天然气可分为四种:

(1) 纯天然气,从天然气井里开采出来的气田气。

(2) 石油伴生气,伴随石油一起开采出来的石油气。

(3) 气田气,含有一定的石油轻质馏分的气体。

(4) 矿井气,又称矿井瓦斯气,是从矿井下煤层中抽取的气体。

天然气具有如下特点:

(1) 相对密度小,比空气轻,容易向高处流动。

(2) 容易爆炸和燃烧,遇到静电火花也会爆炸。

(3) 天然气具有腐蚀性,能腐蚀普通橡胶和石化产品,因此必须使用耐腐蚀的胶管或棉线纺织的塑料管。

(4) 具有麻醉性,在空气中浓度较高时对人的神经具有麻痹作用。

(5) 天然气无毒性,不含一氧化碳,但燃烧不完全时,也容易产生一氧化碳有毒气体,造成人身中毒。

(6) 天然气为"干气",杂质少,燃烧更完全、更清洁。

3. 人工煤气的种类和特点

人工煤气是从固体或液体燃料里加工出来的燃气,从煤中加

工出来的称为煤制气,从油中加工出来的称为油制气。根据工艺和原料的不同,人工煤气可分为四种:

(1) 干馏煤气,在隔绝空气的条件下对煤进行加热、分解得到的燃气。干馏煤气在我国生产历史较长,是我国目前城镇燃气的重要气源之一。

(2) 气化煤气,煤在高温条件下与气化剂(如氧气、空气、水蒸气)发生反应而生成的燃气。

(3) 油制气,将重油(炼油厂提取汽油、煤油和柴油后剩下的油)在压力、温度和催化剂的相互作用下得到的燃气。

(4) 高炉煤气,炼铁厂炼铁时副产的燃气。

4. 液化石油气的成分和特点

液化石油气,简称液化气,是在石油开采和炼制的过程中副产的燃气。这些物质在常温常压下是气态,当压力升高或温度降低时能转变成液态,体积可以缩小250倍。目前液化石油气是我国城镇燃气的最大气源,供应的居民用户最多。

液化石油气具有以下特点:

(1) 容易燃烧,相对密度大,比空气重,泄漏后容易在地面的空隙、地沟、下水道等低处聚集,遇到火星就会着火,容易引起火灾。

(2) 爆炸的可能性大,在空气中含有2%~10%的浓度范围,遇火就会爆炸。

(3) 破坏性强,液化石油气的爆炸速度为2 000~3 000m/s,火焰温度可达2 000℃。

(4) 能引起中毒,高浓度的液化石油气被人吸入体内就会中毒,使人昏迷有不舒服的感觉,严重时使人呼吸困难,导致死亡。

(5) 热量高,可以完全燃烧。

5. 农村燃气供应的方式

农村燃气供应分为两种方式:管道供应和气瓶供应。

6. 管道供应燃气的类型

农村用户如果处在城镇燃气管网覆盖的地区，可以直接接受城镇燃气管网的供应。也有乡镇、小区建立了区域管网，向区域内的用户供应管道燃气。

城镇燃气管网是向城市及其周边乡镇供应燃气的系统，范围较大，结构复杂，包括了燃气管道、城市燃气分配站、调压站、储配站、监控调度中心和维护管理中心等几个部分。根据城市的气源条件、气源规划等因素，向用户供应天然气、人工煤气、液化石油气。

区域管网是在距离城镇管网较远，用户比较集中的乡镇、小区成立的小型燃气管网，主要供应液化石油气或液化天然气。将液化燃气从气源厂运输到区域管网的储配站，然后根据区域内用户的用气量，使液化燃气气化，经过调压后输送给用户。

7. 居民用户管道燃气供应设施的组成和安装要求

连接管网燃气干管或支管与用户的管道称为引入管，专供一栋楼房、一个院子或者只有一户的燃气用户使用。从引入管到用户燃气用具前的管道称为室内管。进户立管上设置一个总阀门，接水平细管进入厨房，燃气表安装于水平管上，靠近燃气灶具处设气嘴一个。管道供应设施的示意图见图5-1。引入管和室内管每穿越墙壁或地板时，就要加一个套管，便于检修。为了使用安全，管道应在走廊的一端地方竖向安置，并在不影响维修装卸的情况下，尽量靠近墙角。

燃气表最好装设在靠近厨房的走廊墙上，因为厨房比较潮湿容易腐蚀。在走廊内的安装高度为表底略高于门的上方，在厨房内表底离地面不小于1.8m，背面与墙面离开25~50mm。正面有煤气用数需要察看，最好安装在光亮处。燃气表不能装在堆放易燃易爆物品的地方，一般也不安装在地下室里。燃气表应与火炉、灶具、电源开关离开一定距离。燃气表入口处装设一个阀门，出口不设阀门。

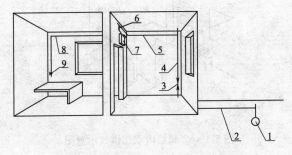

图 5-1 管道燃气供应设施示意图
1—城市地下燃气管道；2—引入管；3—进户阀门；
4—进户立管；5—用户支管；6—表前阀门；
7—燃气表；8—水平细管；9—气嘴

8．气瓶供应燃气的方式和设置要求

气瓶供应可分为单瓶供气、双瓶供气、瓶组供气。

单瓶供气非常普遍，适合居民用户使用。气瓶安装在厨房的角落，通过减压阀或调压器与灶具连接，如图 5-2 所示。

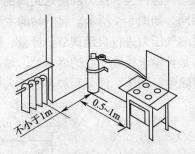

图 5-2 厨房内单瓶供气示意图

双瓶供气一般供应离换气站较远，换气不方便的居民使用。如果没有单独的厨房，还可以把气瓶放在气瓶箱里，如图 5-3 所示。气瓶供应一户用气时，利用气瓶上的阀门控制开关，管道上不另设阀门；供应几个用户时，在每个分支管上加设一个阀门。

瓶组供气适合用气量较大的工业用户。

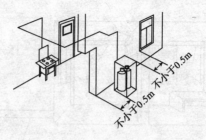

图5-3 金属箱内双瓶供气示意图

9. 燃气的输送方式

我们将燃气从气源厂运输到燃气分配站,称为燃气的输送。通常有管道、铁路、公路和水路四种输送方式。其中以管道和公路输送最为常见。

10. 管道输送燃气

气态燃气长距离输送系统一般由气源厂、起点站、输气干线、输气支线、中间压气站、管理维修站、阴极保护站、燃气分配站等组成。由于气源种类、压力和输送距离的不同,长输管线系统组成也不相同,如图5-4所示。起点站的主要任务是保持输气压力平稳,对燃气压力进行自动调节、计量、除去燃气中的杂质。燃气分配站是长输干线或支线的终点站,城镇燃气管网的气源站,燃气经过除尘、调压、计量和加臭后送入城镇管网。

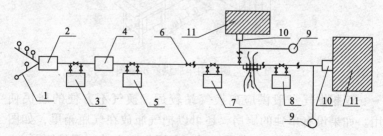

图5-4 长输管线组成示意图

1—气源厂;2—集气站;3—矿长压气站;4—天然气处理厂;5—起点站;
6—阀门;7—中间压气站;8—终点压气站;9—储气设施;
10—燃气分配站;11—城镇或工业基地

11. 燃气储存的方式

燃气的储存方式有高压管束及长输干管末端储存燃气、地下储气库储存燃气、储气罐储存燃气等方式。

二、燃气器具选择

1. 家用燃气灶的选择

家用燃气灶常见的有单眼灶和双眼灶，图 5-5 就是家用燃气双眼灶的示意图。

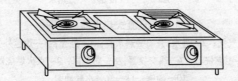

图 5-5　家用燃气双眼灶示意图

在选择家用燃气灶时，应该注意以下几个方面：

（1）燃气灶适合供应的燃气。

（2）灶具各部件使用方便、结实耐用，外形轻巧美观。

（3）点火方便。有自动点火装置的燃气灶，也应该能用火柴点火。

（4）调节旋钮灵活，容易操作。

（5）燃烧时，火焰应明显分为内、外焰，内焰清晰有力，无离焰、黄焰和回火现象，各个火孔火焰高度均匀。

（6）点燃一个火孔后，火焰应迅速传遍所有火孔。

（7）有自动点火装置的燃气灶，点火命中率应达到80%以上。

（8）灶具燃烧半小时后，手要接触或可能接触的部分温度不能过高。

（9）燃烧和熄火时的噪声小。

2. 燃气烧水器的类型及选择

燃气烧水器按用途分为热水器和沸水器。按照构造形式分为直流式（图 5-6）和容积式（图 5-7）。

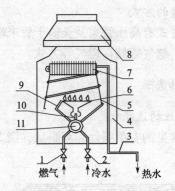

图 5-6　直流式热水器示意图

1—气阀；2—进水阀；3—热水管；4—外壳；5—炉膛外壳；
6—主燃烧器；7—热交换器；8—防风罩；9—点火燃烧器；
10—喷嘴；11—气–水联动阀

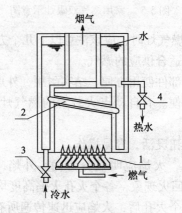

图 5-7　容积式热水器示意图

1—燃烧器；2—吸热管；3—进水阀；4—出水阀

在选用燃气烧水器时，应该注意以下几个方面：

（1）燃气烧水器结构完善，安全可靠，经久耐用。正常工作条件下不易腐蚀，受热后不变形。使用材料应经过耐热及防腐处理。

（2）具有水—气联锁装置，保证只有在水引入烧水器时，燃气才能通往主燃烧器。

（3）点火燃烧器应能保证瞬时点着主火燃烧器，当打开或关闭主火燃烧器时，点火燃烧器的火焰不应熄灭，正面1m/s的风速下也不熄灭。

（4）主火燃烧器的火焰高度应该是均匀的，防止热水器局部过热。

（5）主火燃烧器的火孔间距应保证火焰瞬时传遍所有火孔。

（6）设有熄火保护装置，熄火后控制阀门自动关闭。

（7）设有观火孔，随时能够观察燃烧器的工作状况。

（8）设有排污孔，热水器停止工作后，余水能全部放净。

（9）烧水器中的水路使用的材料不能对水有任何污染。

（10）烧水器本体应结构合理，强度高，经得起一般的碰撞，制造尺寸精确，表面光滑，装配简便，易于拆卸和检修。

（11）设有专门的防排烟装置。

（12）设有防风器，烧水器外发生各种风向时都不能有倒烟现象。

（13）自动熄火安全控制阀的开启与关闭时间不超过2.5min，自动连续点火10次，命中率在8次或8次以上。

（14）冷水在45s至1min内达到所需温度。

（15）燃气管道和水管进口处应设有过滤网。

（16）各种阀门及自动控制按钮的名称和用途要标清楚。

（17）烧水器外壳表面温度不能超过50℃。

3. 燃气采暖器及选择

燃气采暖器主要有燃气热水采暖器、热风采暖炉、辐射采暖器。其中辐射采暖器（图5-8）的结构简单，热效率高，还对人体具有一定的保健作用。

在选用燃气采暖器时，应注意以下几个方面：

（1）采暖器能够耐高温，正常运行条件下不腐蚀，不变形。

（2）具有用火柴或其他点火方式都能直接点燃的可能性。

（3）结构牢固，安装稳定，运行时不晃动。

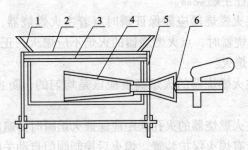

图 5-8　燃气辐射采暖器示意图
1—反射罩；2—外网；3—内网；4—引射器；5—支架；6—喷嘴

（4）设有观火孔，可以观察到火焰状态。

（5）装有熄火保护装置。

（6）带有点火燃烧器时，应保证在点火燃烧器不开时，主燃烧器阀打不开。

（7）燃气燃烧器的安装部位应便于操作和拆卸，易于检修。

（8）自动点火装置的点火命中率应达到 80% 以上。

（9）主燃烧器的火焰要求清晰，无离焰、黄焰和回火现象，火焰高度均匀，火焰传递迅速。对于辐射采暖器，要求在 10s 内辐射面全部变红，并且没有黑斑。

（10）采暖器外有应有外壳，表面温度低于 100℃。

（11）工作时燃烧噪声和关闭时熄火噪声小。

4．燃气表的选择

燃气表都是只能用来计量无腐蚀性气体的一种体积流量表。应用最多的是干式皮膜燃气表，适用于低压燃气供应系统，压力在 300mm 水柱以下。也有叶轮式燃气表，适用于中压供应系统，压力在 1 000~7 000mm 水柱。目前为了便于燃气计量和交费的自动化，又产生了智能远程传送燃气表、IC 卡燃气表、遥读燃气表等。

无论哪种燃气表，计量误差都要求不超过 ±3%，同时要求有较高的灵敏度，当燃气压力为 50mm 水柱，流量只有额定流量的1％时，表的指针也能动作。

5. 液化石油气瓶的选择

气瓶是供用户使用的盛装液化石油气的专用压力容器。供民用、公用事业及小型工业用户使用的气瓶，充装量为10kg、15kg和50kg。

气瓶由底座、瓶底、瓶体、耳片和护罩（或瓶帽）组成，见图5-9。

选用气瓶时要注意以下几点：

（1）看有无生产许可证。国家对液化石油气瓶的制造实行生产许可制度。在选用气瓶时，要看瓶体或护罩上是否标有生产许可证编号、充装气体名称、产品标准号、实际重量、实际容积、监督检验标记或检验钢印标记，看有无产品合格证和质量证明书。

（2）检查瓶体外观。仔细察看气瓶涂层是否均匀，不应有气泡、流痕、龟裂和剥落等缺陷。瓶体是否有裂纹、电弧损伤、重皮，焊接部位是否有裂纹、气孔、夹渣、咬边或不规则突变等，瓶阀座、瓶阀螺纹是否有损伤。

（3）检查阀门的气密性。把瓶体放进水里，拧紧阀门，观察阀口和阀杆处是否漏气。堵住阀口，缓慢开启阀门，观察阀杆处有无气泡，如果有气泡说明此气瓶气密性不合格，不宜选用。

（4）称量充装量。充装量是保证用户安全使用的重要内容。充装量不能过少，也不能过多。实际充装量低于充装量下限时，损害用户的利益；实际充装

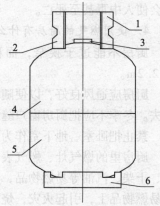

图5-9 气瓶构造示意图
1—护罩；2—耳片；3—瓶嘴；
4—上封头；5—下封头；6—底座

量高于充装量上限时，容易发生危险。按规定，一般在15℃的常温下，只能装到气瓶内容积的85%，留下15%的空间，防止液化石油气受热膨胀，使气瓶胀裂。

三、燃气安全及节约使用常识

1. 燃气爆炸

各种可燃气体与空气混合都能形成爆炸性的混合气体。室内空气中燃气的含量达到一定限度时，遇火就会发生爆炸，其危险性和破坏性极大。

2. 燃气爆燃

空气中的燃气含量未超过高限时，这种混合气体不会爆炸，但一遇火种就会燃烧着火。燃气在等压条件下的正常火焰传播，有时发生质变也会形成爆燃。爆燃的性质和破坏能力接近爆炸。

3. 燃气中毒

燃气中含有一氧化碳、氨气、二氧化硫和硫化氢，都是有毒气体。燃气燃烧不完全或发生泄漏时，空气中含量超过一定限度就会使人中毒甚至死亡。

4. 使用燃气的厨房有什么要求

厨房不能过于狭窄，面积以不宜小于 $2m^2$，高度不宜低于2.2m。

厨房应通风良好，以便随时把燃烧的废气或泄漏的燃气排放出去。冬季不应把厨房窗户缝封严。

禁止把卧室、地下室作为厨房使用生活用燃气设备。

厨房里的燃气灶、燃气表、气瓶周围不要堆放废纸、塑料制品、干柴、汽油等易燃物品，防止点燃燃气后将未熄灭的火柴丢在易燃物品上，引起火灾，烧坏燃气设备，发生事故。

5. 燃气器具的安放要求

要保证燃气正常燃烧，除了器具合格外，还要使器具安放合理，操作正确。否则，不仅浪费气体，还可能发生危险。

不带支架的灶具应水平放在用耐火材料制成的灶台上。灶台不宜太高，以60~70cm为宜。同时灶具应放在避风的地方，不要让穿堂风直吹灶具。因为风吹火焰会降低燃气的热效率，还可能吹灭火焰引起事故。几个灶具共用一个厨房时，两灶之间至少要有50cm的距离。用软管连接管道和燃气时，接头处应用铁丝固定。灶具不能直接放在燃气表下，一般两者净距离不小于30cm，以保证仪表清洁和计量准确。

燃气热水器不能安装在浴室里，可以装在厨房或其他房间里。要求所在的房间面积不得小于$3m^2$，房高不低于2.6m，有良好的通风条件。热水器的安装高度由地面至燃烧器的距离为1.2~1.5m，与墙壁的净距离大于2cm。应安装有专门的排烟装置，将烟气排到室外，烟道上设有防风口，烟囱与顶棚之间的距离相隔20cm以上。

燃气采暖器一般不允许在卧室内使用，只能用于不居住人的场所，而且要注意定时通风，以免燃气泄漏释放不掉造成事故。采暖器燃气的引入软管不宜过长，若软管密封性不好，容易慢性漏气。

使用液化石油气时，气瓶安放位置应便于进行开关操作和检查漏气。气瓶应远离热源，不能放在暖气旁边，更不允许放在点燃的火炉旁边，两者之间的距离至少小于1m。气瓶与灶具之间应保持0.5~1m的距离。气瓶必须直立放置，不允许卧放或倒放。

6. 天然气、人工煤气的安全使用

点燃燃气后，根据火焰状况调节进风大小，防止离焰、黄焰或者回火的现象。离焰是指火焰脱离了燃烧器的现象，说明气流速度大于燃烧速度，此时应把风门调小。黄焰是指火焰呈红黄色而不是完全燃烧时的蓝色，说明燃烧过程中空气量进入不足，此时应该开大风门，或者除掉堵塞物。回火是指火焰缩回到火孔内部，伴有"噗噗"的爆鸣声，此时可以关掉风门，再进行点火，然后调节风门，使火焰呈蓝色。

使用完毕时，关闭调节风门。暂时不用或者外出时，切勿忘记关闭气嘴。

对于燃气灶具要经常检查，定期保养。经常检查气嘴的密封性能，及时上油；检查连接胶管是否有龟裂、老化的现象，发现问题及时更换新胶管。爱护灶具，保持灶面清洁，定期用小铁丝疏通灶具燃烧器的气孔，防止堵塞。长时间燃烧后，灶具温度较高，防止滴浇冷水，以免漆皮剥落。

7. 液化石油气的安全使用

使用液化石油气灶具时，先打开气瓶的角阀，再打开灶具调节风门点燃。停火时先要关闭气瓶的角阀，熄火后再关灶具调节风门。

液化石油气灶具和气瓶上的减压阀是通过耐油胶管连接为一体的，设备不发生故障就不必将它们拆开。减压阀和气瓶角阀之间是靠螺丝旋接的，每次换气都要装卸一次。

胶管与灶具进口接头之间，胶管与减压阀出口接头之间都要连接紧密。接头带螺丝部分应完全插入管内，然后用铁丝扎紧或用管夹夹紧。铁丝要扎得适中，如果用力过大，胶管表面就会出现较深的凹痕，时间长了胶管就会从这里开裂。胶管接好后应处于自然下垂状态，不发生绞拧，也不要受到坚硬物体的挤压碰撞。

拆卸减压阀前必须把气瓶的角阀拧紧，否则当减压阀卸开后，仍会有气从气瓶中喷出，这是很危险的。卸减压阀时，一只手将它端平，另一只手顺时针方向旋转手轮。卸下后，把它轻轻放在灶台上或其他干燥物品上，切勿随手扔在地上，容易使减压阀受损，使进气口密封胶圈脱落。

换气回来要将减压阀与钢瓶连接好，必须做到"一看、二紧、三试漏"。"一看"是首先看减压阀前端的胶圈是否丢失或者损坏。如果发现丢失、损坏或者老化，绝不能再用，应立即到液化气供应站购买新胶圈。"二紧"是每次连接减压阀时，注意将减压阀端平，然后从右向左逆时针方向拧紧，直到上下不动。"三试漏"是连接后不要马上点火使用，必须用肥皂水涂抹减压阀与气瓶连接部位是否漏气，检查出原因修理后才能通气使用。

8. 节约使用燃气

节约使用燃气，可以注意以下几个方面：

(1) 做好点火前的准备工作。

(2) 使用燃气时随时调节火焰。

(3) 用完燃气灶立即关闭。

(4) 不要空烧燃气取暖。

(5) 防止风吹燃气火焰。

9. 常见的燃气安全事故

(1) 空烧燃气取暖造成中毒

切勿空烧燃气取暖，即使火焰不熄灭，也会产生大量烟气污染室内空气。如果燃烧不完全，仍然会有有毒气体生成，造成中毒。

(2) 私自拆改管线、拆动燃气表引起爆炸

千万不可私自改装燃气管道、燃气设备，不要为了一时的利益而造成不可挽救的后果。

(3) 燃气灶具故障失火

发现管道燃气用具有故障，在没有检查维修前凑合使用是绝对不允许的，容易造成失火事故。

(4) 先气后火造成爆炸着火

必须强调严格按照操作规程办事，使用管道燃气的工厂、食堂、锅炉房，在点火之前必须先排风，再点火，防止爆炸性混合气体的形成。特别是不能用明火试漏和开关电灯。

(5) 减压阀没上紧引起火灾

液化气换气回来之后要仔细上好减压阀，用肥皂水试漏，确保不漏气后方可使用燃气。

(6) 减压阀胶圈丢失或损坏引起火灾

要爱护减压阀，换气前拧下减压阀，轻放在灶台或干燥物品

上。换气回来后，检查减压阀密封胶圈是否还在，是否损坏，如果丢失或损坏必须到液化气站购买新胶圈，安装好后，才能使用燃气。

第二节　农村沼气

一、沼气概述

1. 沼气的含义

沼气是粪便、秸秆等有机物质在隔绝空气和一定的温度、水分、酸碱度等的条件下，经过沼气细菌的发酵作用产生的一种可燃气体。由于这种气体最先是在沼泽中发现的，所以称为沼气。沼气的主要成分是甲烷，其余为二氧化碳、氧气、氮气和硫化氢。其中甲烷含量约为55%~70%，二氧化碳含量约为30%~45%。

2. 沼气主要用途

农村家用沼气池生产的沼气主要用来做生活燃料。沼气还可以用于农业生产中，如温室保温、烘烤农产品、沼气防蛀、储备粮食、水果保鲜等。沼气也可发电作农机动力，大中型沼气工程生产的沼气可用来发电、烧锅炉、加工食品、采暖或供给城镇居民使用。

3. 制取沼气需要的条件

（1）严格的厌氧环境

沼气发酵需要发酵微生物，包括产酸菌和产甲烷菌两大类，它们不能在有氧的环境中生存，哪怕微量的氧存在，也会使发酵受阻。因此，建造一个不漏气、不漏水的密闭沼气池，是人工制取沼气的关键。

（2）足够和优良的接种物

接种物是沼气发酵所需要的含有大量微生物的厌氧活性污泥，也称菌种。只有具备足够优良的接种物才能保证沼气发酵高效运行。农村户用沼气池的接种物一般来源于城市下水道污泥、湖泊、池塘底部的污泥，粪坑底部沉渣，农产品加工厂的下水道污泥，污水处理厂的活性污泥，老沼气池的污泥。接种物用量一般占总发酵液的30%左右。

（3）必要的发酵温度

沼气发酵菌种在8～60℃范围内都能发酵产气，并且温度越高，发酵越活跃，产沼气越多。因此，作为常温发酵的农村户用沼气池，应尽量使其发酵温度保持在8℃以上。

（4）适宜的酸碱度

在沼气发酵过程中，沼气菌适宜在中性或微碱性的环境中繁殖。发酵液的pH控制在6.8～7.5为宜。如低于或高于此值，沼气发酵就会缓慢，甚至不能正常进行。

（5）适宜的发酵浓度和碳氢比

作物秸秆、青草、人畜粪便、生活污水等有机物都可以作为沼气发酵的原料。但发酵原料需满足（20～30）:1的碳氮比和满足6%～10%的发酵浓度。当然，碳氮比和发酵浓度在夏季可适当低些，在冬季可适当高些。

（6）经常性的搅拌

沼气池在不搅拌的情况下，发酵料液明显地分为3层：上层结壳层、中层清液层、下层沉渣层。发酵液分层不利于产气，所以，应考虑采取搅拌措施。搅拌的目的是使其不分层，让原料和接种物均匀分布于池内，增加微生物与原料的接触面，加快发酵速度，提高产气量。此外，搅拌也有利于沼气的释放。对有加热装置的沼气池来讲，搅拌有利于热能的传播。目前，采用的搅拌方法主要有3种：机械搅拌、液搅拌、气搅拌。

（7）严防加入抑制剂

抑制剂主要是一些重金属离子、农药及一些有毒性物质。这类物质不能加入沼气池。

4. 农村小型的沼气池制气的工艺要点

（1）备料

新建沼气池或沼气池大换料前必须准备好充足的发酵原料，一口 $8m^3$ 的沼气池，每年至少准备 500kg 以上的秸秆和杂草，并要求添加一定比例的人畜粪便。

（2）原料预处理

粪便作为沼气发酵原料一般不进行预处理，秸秆类原料原则上要进行预处理。预处理包括切碎（或粉碎）和堆沤等过程。堆沤的方法是将原料切碎，拌少量粪水或旧沼水，在地上或池内气温20℃下时堆5~7天，气温20℃以上时堆3~5天。

（3）配料和浓度的计算，原料配比参考见表5-1

原料配比 表5-1

原料配比 鲜猪粪:秸秆:水	干物质（%）	$1m^3$ 池容装料量（kg）			接种物
		鲜猪粪	秸秆	水	
1:1:23	4	40	40	620~820	100~300
1:1:15	6	60	60	580~780	
1:1:10	8	75	75	550~750	
1:1:8	10	100	100	500~700	

原料配比 人粪:鲜猪粪:秸秆:水	干物质（%）	$1m^3$ 池容装料量（kg）				接种物
		人粪	鲜猪粪	秸秆	水	
1:1:1:27	4	33	33	33	600~800	100~300
1:1:1:17	6	50	50	50	550~750	
1:1:1:12	8	66	66	66	500~700	
1:1:1:8	8	83	83	83	450~650	

（4）接种物

生活污泥、粪肥、沼池的渣水等，都是好的接种物。加入的量一般为发酵料液的30%左右，投料时拌入即可。

(5) 投料

将预处理好的秸秆与粪便、接种物混合拌匀入池,并加足水,用石灰乳调节 pH 为中性。投料容积为池容积的 85%~90%,投料后及时封池,连接好管道、燃具。

(6) 大出料

结合农田用肥,每年春、秋各出料一次。出料时将沼渣清除,仅留下 1/3 的渣水作为下次发酵的接种物。

5. 在农村办沼气有哪些好处

(1) 有利于解决农民生活用能,缓解国家能源压力。

(2) 有利于缓解乱砍滥伐,巩固生态建设成果。

(3) 有利于促进农民增收,实现农业可持续发展。

(4) 有利于改善农村卫生条件,提高农民生活质量。

6. 怎样加快发展农村沼气

(1) 统筹规划,合理布局

农村沼气建设涉及千家万户,量大面广,政策性强,必须坚持全面规划,近期与远期相结合。在统一规划的基础上,细化地区发展规划,根据农民需求和财力可能,分步实施。

(2) 多方筹资,加大投入

农村沼气尤其是户用沼气工程是一项公益性事业。加快沼气发展,迫切需要在政策、资金和服务等方面给予重点扶持。由于我国农户收入偏低,养殖企业利润不高,需要各级政府在资金方面进一步加大投入,不断提高农村沼气建设的规模和水平。

(3) 配套建设,综合利用

农村户用沼气要积极推动"一池三改",在建设沼气池的同时,对圈舍、厕所和厨房进行改造。并根据不同地区的自然、经济条件和农业产业结构,采取"猪—沼—果"、"四位一体"等能源生态建设模式,引导农户将沼气建设与种养业发展结合起来。

(4) 创新科技,提高服务

鼓励沼气生产和利用技术创新，加强各类技术攻关和推广应用。依靠科技进步，把农村沼气技术与种植、养殖等适用技术进行优化组合。加强对沼气质量的监督与检测。完善培训体系，改善培训条件，通过开展多种形式的技术培训和交流活动，进一步提高农村沼气建设队伍的人员素质和技术水平，并充分利用各种途径让沼气使用户熟练掌握沼气池的维护、管理以及沼气、沼渣、沼液的综合利用技术，确保沼气使用安全，提高沼气的综合利用水平。

（5）完善标准，壮大产业

要加快户用沼气池输配系统设计与安装，规模化养殖场沼气工程运行等规范规程的制定，补充制定沼气科学利用、沼肥合理使用等方面的技术标准，并对现有的一些技术标准和规范进行必要的修改完善。同时，要加强对大中型沼气工程设计和施工单位的资质管理，鼓励企业的有序竞争，积极引导农村沼气的产业化发展。国家要有重点地扶持农村沼气建设及其配件和设备生产的龙头企业，创立名牌产品。要严格执行农村沼气技术、产品、设备和监测等相关标准，健全标准化和技术监督体系，规范市场，逐步建立起农村沼气设计、生产、施工、使用、管理和维修服务网络，实现农村沼气的产业化发展、物业化管理和社会化服务。

二、常见沼气池的形式及特点

1. 常见沼气池的形式

常见沼气池的形式有水压式、浮罩式、半塑式、罐式。

2. 水压式沼气池结构及工作原理

水压式沼气池（图5-10）有圆筒形、球形、椭球形三种池型。池体上部气室完全密闭，随着沼气的不断产生，沼气压力相应提高。这个不断增高的气压，迫使沼气池体的一部分料液进入与池体相通的水压间内，使得水压间的液面升高。这样一来，水压间的液面就和沼气池内的液面产生了一个水位差，这个水位差就是水压。用气时，沼气开关打开，沼气在水压下排出后，水压间的料液又返回到池体内，使得水位差不断下降，导致沼气压力也随之相应降低。这种利用部分料液来回串动，引起水压反复变化来储存和排放沼气的池型就是所谓的水压式沼气池。

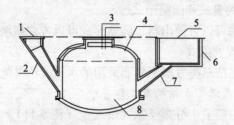

图 5-10　水压式沼气池示意图

1—入口盖板；2—进料管；3—出气导管；4—贮气室；
5—出口盖板；6—水压间；7—出料管；8—发酵室

3．水压式沼气池优、缺点

优点：① 受力良好，节省材料，成本低；② 可以采用多种发酵原料；③ 可以把人畜粪便打扫进池；④ 沼气池四周与土壤接触，起到一定的保温作用。

缺点：① 压力反复变化，对池体强度，对灯具、燃具燃烧效率的稳定和提高有不利的影响；② 没有搅拌装置，池内浮渣易结壳，发酵原料的利用率不高，产气量偏低；③ 大出料工作比较困难，最好采用出料机械。

4．水压式沼气池几种改进的池型

（1）中心吊管式

将活动盖改为钢丝网水泥进出料吊管。这种吊管代替了进出料管和活动盖，简化了结构，降低了成本，而且出料容易，人工搅拌方便。

（2）曲流布料式

这种方式发酵原料全部采用人畜粪便；这种池型在进料口设

置滤料盘，使进料形成多种曲流，提高了新料的扩散面，提高了产气率。池底由进料口向出料口倾斜，能够实现出料自流。

（3）双管顶返水式

可以节省占地面积，降低成本，防止进出料混合，增加池拱顶的气密封性能。

（4）大揭盖式和圆筒形式

大揭盖式可以方便出料，圆筒形式可以方便底层出料。

（5）干湿发酵式

为了利用秸草类发酵原料而采用的水压式沼气池。

5. 浮罩式沼气池结构及工作原理

生产上一般采用分离浮罩式沼气池（图5-11）。这种沼气池将发酵池与贮气浮罩分开建造，其优点是既保持了水压式沼气池的基本特点，又吸取了浮罩式沼气池的优点。沼气间产生沼气后，沼气通过输气管路源源不断输送到贮气罩，贮气罩升高。用气时，沼气由贮气罩压出，贮气罩下降。

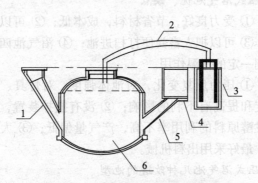

图5-11 浮罩式沼气池示意图
1—进料管；2—导气管；3—浮罩；4—出料室；
5—出料管；6—发酵室

6. 浮罩式沼气池优、缺点

优点：① 沼气压力较低且稳定，有利于燃烧效率的提高，减少了活动盖漏气和出料间发酵液的流失；② 发酵液不经常出入出料间,保温效果好;③ 沼气池可以装满料,比同体积的水压式池容量增加;④ 浮渣大部分被池拱压入发酵池中,可以使发酵原料更好地发酵产气。

缺点:① 池体建筑成本比同容积的水压式沼气池要高10%左右,占地面积稍大;② 若原料有秸草,出料有一定的困难。

7. 浮罩式沼气池几种改进的池型

(1) 改进型分离浮罩式:将浮罩放置在水压间,以节省占地面积和投资;

(2) 玻璃纤维水泥浮罩式:发挥了浮罩式沼气池的优点,克服了钢浮罩存在的缺陷。

8. 半塑式沼气池结构及工作原理(图5-12)

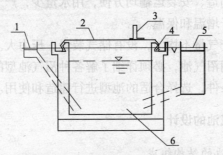

图 5-12 半塑式沼气池示意图
1—进料口;2—红泥塑料气罩;3—硬塑导气管;
4—水封槽;5—出料间;6—发酵间

池体是圆柱形,由一个红泥塑料制成的柔性罩直接扣在池顶上,四周用编织带扣紧置于水封槽中而成。

9. 半塑式沼气池优缺点

优点:施工方便,结构简单;投资少,成本低;池深浅、液面大,塑料薄膜吸热保温性能好;管理方便。

缺点:塑料薄膜容易老化,沼气压力低,使用时间短;池顶是塑料薄膜,不容易保护,还应注意人畜安全。

10. 罐式沼气池结构及适用范围（图 5-13）

采用干发酵工艺，卧式的圆柱形的钢板焊成，适用于我国干旱、太阳能资源丰富和缺少砂石的地区。

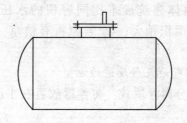

图 5-13　罐式沼气池示意图

11. 罐式沼气池优缺点

优点：制造、安装运输均方便，用水量少，产气率高，进出料方便，便于增温和保温。

缺点：产气量不均匀，没有储气装置，压力大。

各地家用沼气池，必须详细了解各种沼气池型的优缺点，并结合当地的条件，选择合适的池型进行建造和使用。

三、沼气池的设计

1. 沼气池的结构组成

全功能的沼气池应该包括进料装置，发酵装置，储气装置，输气装置，出料装置五个部分。小型的沼气池中，则简化成进料间，发酵间，储气间，输气间，出料间。

2. 沼气池的池形

多年来的实践经验证明，沼气池要"圆"、"小"、"浅"。

圆是指池形圆：相同容积的沼气池，圆形比长方形的表面积小，省工、省料。圆形池受力均匀，池体牢固，容易解决密封问题；小和浅指的是容积和深度。相同容积和发酵条件下，浅池比深池的产气率高。沼气池容积过大、过深，有效利用率低，出料也不方便。

3. 沼气池的容积

沼气池容积的大小（一般指有效容积，即主池的净容积），应该根据每日发酵原料的品种、数量、用气量和产气率来确定，同时要考虑到沼肥的用量及用途。

根据科学试验和各地的实践，北方地区冬季寒冷，产气量比南方低，一般家用池选择 $8m^3$ 或 $10m^3$，南方地区，家用池选择 $6m^3$ 左右。按照这个标准修建的沼气池，管理得好，春、夏、秋所产生的沼气，除供煮饭、烧水、照明外还可有余，冬季气温下降，产气减少，仍可保证煮饭的需要。

4. 沼气池的布局

根据过去经验，主要是搞好"三结合"。即猪圈、厕所、沼气池三者连通建造，做到人、畜粪便能自流入沼气池内。这样既有利于产生和卫生，又有利于管理和积肥。"三结合"的方式很多，各地可根据宅基地形、气温等灵活布置，室内、室外均可。北方农村最好是建在室内炕侧或室外塑料暖棚里，可收到较好的效果。

四、沼气池的修建

1. 修建沼气池的基本技术要求

修建沼气池要做到设计合理，构造简单，施工方便，坚固耐用，造价低廉。

2. 修建沼气池需要的材料及选用原则

修建沼气池材料主要是水泥、砂、石子、砖。还需要一些混凝土预制构件或选用其他成型材料做进料管、出料管、池盖以及输配气管件、灯、灶具等。

在选用建池材料时必须遵循以下原则：因地制宜，就地取材，减少运输，降低造价；变废为宝，物尽其用，符合设计要求。

3. 修建沼气池的步骤

① 察看地形，确定沼气池修建的位置；

② 拟订施工方案，绘制施工图纸；
③ 准备建池材料；
④ 放线，挖土方，支模（外模和内模）；
⑤ 混凝土浇捣，或砖砌筑，或预制混凝土大板组装；
⑥ 养护，拆模，回填土；
⑦ 密封层施工；
⑧ 输配气管件、灯、灶具安装；
⑨ 试压，验收。

各地要因地制宜，就地取材，不强求一律。

4. 修建沼气池遵循的有关国家标准

GB 4750 农村家用水压式沼气池标准图集；
GB 4751 农村家用水压式沼气池质量验收标准；
GB 4752 农村家用水压式沼气池施工操作规程；
GB 7637 农村家用沼气管路施工安装操作规程；
GB 9958 农村家用沼气发酵工艺规程；
GB 7959 粪便无害化卫生标准。

还可以参考 DB21/T-835-94 北方农村能源生态模式标准。

5. 修建沼气池的费用

一般 $6m^3$ 的 1 400~1 500 元左右，$8m^3$ 的 1 800~2 000 元左右。根据当地的物价，包括所需材料黄沙、水泥、石子、钢模的价格，价格上会有所差别。

6. 修建沼气池的安全注意事项

（1）防止塌方。挖池坑时，要根据土的情况，使池壁具有适当的坡度，严禁挖成上凸下凹的"洼岩洞"。土质不好的（如膨胀土、湿陷性黄土、流砂土等）要采取相应措施加固。雨季施工要在池坑的周围挖好排水沟，避免雨水淹垮池壁。

（2）开采、运输砖石材料和安砌池壁时，要按照安全操作规程施工，防止砖石滑落、池壁倒塌。安砌圆形片石结构池时，要用临时支撑撑住石料。用卵石、砖头砌拱架，在拆拱架时，要防止拱架突然塌落压人。拱形结构沼气池，拱的基脚一定要牢固。在连山石、石骨子土上建池，要认真选好池基，严防垮塌事故的发生。池上与池下同时施工，要防止砖、石及工具下落伤人。运输石料的绳索和抬杆必须坚实牢固，防止断裂。

（3）严禁用焦煤、木炭烘烤池壁，防止发生缺氧和煤气中毒事故。

（4）用电灯在沼气池内照明施工时，要防止电器漏电、触电。

（5）密封、粉刷前要仔细检查池顶、池壁，如有易掉落的石块等，应首先处理。

（6）工作台架，要搭稳固，台架上东西不要放得过多，以免掉物伤人。

五、家用沼气池的配套设备

1. 家用沼气池的配套包括的内容

灶具、灯具、输气管（包括导管）线、冷凝水罐、压力计、三通和出料机具。

2. 沼气灶具结构和工作原理

大部分沼气灶具，都属于大气式燃烧器。由喷嘴，调风板，引射器和头部等四部分组成。

打开灶具前的开关，具有一定压力的沼气从喷嘴喷出以后，在引射器内与引射进来的部分空气（也叫做一次空气）充分混合，再与燃烧器头火孔四周的部分空气（也叫做二次空气）混合，然后燃烧。

3. 沼气灶的类型

沼气灶按材料分有铸铁灶、搪瓷面灶、不锈钢面灶；按燃烧器的个数分有单眼灶、双眼灶；按燃烧的热流量（火力大小）分有 8.4MJ/h、10MJ/h、11.7MJ/h，最大的有 42MJ/h；按使用类别分有户用灶、食堂用中餐灶、取暖用红外线灶；按使用压力分有 800Pa、1 600Pa 两种，铸铁单灶一般使用压力为 800Pa，不锈钢单、双眼灶一般采用 1 600Pa 压力。

4. 沼气灶的选择

根据自己的经济条件和沼气池的大小及使用需要来选择沼气灶。如果沼气池较大、产气量高，可以选择双眼灶，最好选择电子点火不锈钢灶面的双眼灶；如果池子小，产气量少，只用于一日三餐做饭，可选用单眼灶。

5. 沼气输气导管作用及质量要求

输气导管作用是保证沼气池生产的沼气能顺利地送到沼气灶或沼气灯去燃烧。对沼气输气管的主要质量要求是能够承受10kPa（1 000mmH$_2$O）的压力不泄漏、耐老化、抗拉伸。

6. 沼气输气导管内径大小的确定

输气管内径的大小，要根据沼气池的容积，用气距离和用途和允许的管道压力损失来决定。如沼气池容积大，用气量大，用气距离较远则输气导管的内径应当大一些。一般农户使用的沼气池输气导管的内径以8~10mm为宜。用于动力的大沼气池，输气导管内径应在20mm以上。另外，输气导管内径要和开关、三通等管件配套。

7. 沼气输气导管的材质

目前农村使用的输气管，主要是聚氯乙烯塑料管。塑料管道又有软塑和硬塑管材之分，安装方法也稍有不同。硬塑管材比软塑管材价格高但是使用起来更加可靠。也有少数农户使用胶管和各种铁管。

8. 输气管道的安装

目前，塑料管道有两种安装方式：一种是架空或沿墙敷设，长江流域以南地区常用；另一种是把管子埋在地下，北方地区常用。沼气池至灶前和管道长度一般不应超过30m，庭院管道一般应采取地下敷设，当地下敷设有困难时亦可采用沿墙或架空敷设，但高度不得低于2.5m。

地下管道埋设深度南方应在0.5m以下，北方应在冻土层以下。所有埋地管道均应外加硬质套管（铁管、竹管等）或砖砌沟槽，以免压瘪输气管；管道敷设应有坡度，一般坡度为1%左右。布线时使管道的坡度与地形相适应，在管道的最低点应安装气水分离器。如果地形较平坦，则应使庭院管道坡向沼气池，管道拐弯处不要太急，拐角一般不应小于120°。全部输气管道安装完毕，进行气密性和压力损失试验。检查后，才可交付使用。

9. 沼气开关的作用和材料

开关的作用是开通或关闭沼气输送通道，同时可调节沼气流量的大小。它是输气管道上的重要部件，必须坚固、严密、启闭迅速、灵活、检修方便。

材料现在主要采用金属。金属开关可用钢、铜、铝等材料制作。利用带开孔的圆锥形塞芯或球芯的转动来启闭，操作简单，动作迅速。

10. 开关的选择

在选用这些开关时，应选旋塞孔径大于6mm，同时要求旋塞的孔径与进出口同心，开关开启时，手感应灵活自如。开关在安装前，用压力为5kPa（即50cmH$_2$O）的空气或沼气进行密封性试验，5分钟内压降不超过50Pa（即0.5cmH$_2$O），开关质量就合格，否则应该更换。

11. 沼气压力计常见形式及用途

压力表一般用玻璃U型压力表，内装带色水柱，读数明显测量准确。

压力计用来检验沼气池或管道接头和开关是否漏气；水压式沼气池可根据其压差估计沼气池中贮气量的多少。U型压力计放在灶前的明亮处，高度是1.3m。

12. 排水器（也叫积水器或气水分离器）

排水器应该放置在管道坡度的最低处，用于排除管道中的积水，保证沼气畅通。对于水压式沼气池，采用的是T型管排水器，而对应浮罩式沼气池，采用的是瓶型排水器。

13. 管路用三通四通和弯头

三通四通弯头，要求要有一定的机械强度，结构要求气密性好，通道的孔径必须足够；转动灵活，安装方便，两头接头要能适用多种管径的连接。

14. 脱硫器

沼气中含有一定数量的硫化氢，硫化氢是一种酸性气体，对管道、开关阀门、仪表等设备均有腐蚀性，对家用电器也有腐蚀作用。为保证正常供气，延长设备的使用寿命，在输气管路中必须安装脱硫器。

脱硫器的方法有湿法脱硫和干法脱硫两种，干法脱硫具有工艺简单、成熟可靠、造价低等优点，并能达到较好的净化效果。目前家用沼气脱硫器基本上采用这种方法。

干法脱硫剂有活性炭、氧化锌、氧化锰、分子筛及氧化铁等。从运转时间、使用温度、公害、价格等因素综合考虑，目前采用最多的脱硫剂是氧化铁（Fe_2O_3）。

脱硫器使用一段时间后，必须将脱硫剂进行再生，脱硫剂可以再生 1~2 次。注意：沼气池换料时，必须将脱硫器前的开关关闭，禁止空气通过脱硫器。

15. 出料机具

我国农村家用沼气池主要发酵原料除了人畜粪便外，还有大量的秸秆和杂草。难于发酵的秸草类物质，其纤维难于腐烂，长期存在于池内，给大换料带来不少困难。所以，选用何种出料机具也是一个不可忽视的问题。

目前，农户常用的出料机具有两种。一种是抽粪筒，用长 1.5~2m，直径为 10~13cm 的硬质聚氯乙烯管，内套一个带有橡皮垫活门的活塞及其铁拉杆组成，专门抽取池内的粪渣液，有时也可以作为池内发酵液的搅拌器用。另外一种是带有倒刺的钉齿直耙，专门从沼气池活动盖口捞取浮渣。这两种机具简单实用，搬动方便，可以自制。

六、提高家用沼气池产气量的措施

目前农村家用沼气池效益偏低。一般沼气池的年产气量 200m³ 左右，而且产气不均，夏季用不完，冬季不够用。根据有关地方的经验，采取下面几种措施效果良好。

1. 提高家用沼气池产气量的措施

（1）沼气池发酵原料干物质浓度的控制；

（2）充分利用秸草适时进行三换两补料；

（3）采用合理的进料方法；

（4）池体保温。

2. 沼气池发酵原料干物质浓度的控制的做法

沼气池发酵原料干物质浓度，温度是决定产气多少的主要因素。在同等温度下，浓度高，产气率一般就高。在相同的浓度时，温度越高，产气率也越高。所以，农村家用沼气池，春季进料，因温度越来越高，干物质浓度应控制在8%；秋季换料时，池温最高时期，启动浓度应控制在6%，补料的浓度以8%~9%为宜；入冬前的大换料，池温越来越低，装料方法要得当，启动浓度能达到10%~12%为好。

3. 充分利用秸草适时进行三换两补料的做法

采用沼气常温发酵，每公斤秸草能产生 0.1m³ 左右的沼气。五口之家每天需要沼气 1.2~1.5m³，需要消化秸草 12~15kg。为了充分利用秸草，一年要进行三次大换料，两次大补料，才能保证全年2 000~5 000kg的秸草入池。根据经验，在麦收之前，种麦前和入冬前三次大换料，7月和11月进行两次大补料。这样，不仅效益显著，而且还能肥、气兼顾。如果入冬前的大换料不进行，种麦前（9月）的大换料拖到第二年5月，时间长达8个月，而且9~12月池温较高，原料已进行了充分分解，春天气温又低，就不可能产气多。这是目前沼气池冬季，春季效益不高的主要原因。所以，入冬前进行一次大换料，年产气量可增加很多。

4. 采用合理的进料方法的做法

秸草原料的预处理很关键。将秸秆铡成约3cm长，均匀湿水，进行堆沤后与畜粪混合，作日常进料用。冬季最好是池内堆沤，有利于提高池温。如粪便不足，须调节碳氮比，应适当地加些碳铵，加水最好是污水。

5. 池体保温的做法

在东北地区，将沼气池建在屋内或建在种菜的日光温室内。平时还可以向池内加烧饭、洗碗的余热水，一般池内发酵温度可达15℃左右。华北地区采用的池体保温措施，即"池顶塑布覆盖法"，此法简单易行，投资少。具体做法是：在沼气池顶部，挖去表土层，深度为15~20cm。先用聚乙烯塑料地膜覆盖一层，上面均匀压一层细干土，厚10cm，土上面，再覆一层整块无破损的聚乙烯塑料地膜，然后覆土压实，覆土高度要略高于池体周围表面，防止积水。另外，在出料间内再投入15kg左右的整稻草或麦秸，浮于液面，减少沼液温度的散失。实验表明，寒冷季节，当每月平均气温在6.8℃时，料液平均温度仍保持在13.4℃，较一般池子高3~4℃。

七、沼气使用过程中的安全事项

使用沼气容易发生的事故，主要是窒息中毒、烧伤和火灾。这些事故，大都是由于人们不了解沼气使用安全知识和麻痹大意造成的。下面就介绍一些沼气使用过程中的安全知识。

沼气是一种可燃气体，一遇上火苗就会猛烈燃烧，甚至在某些情况下会引起爆炸。沼气在使用过程中容易引起烧伤和火灾，所以要引起足够的重视。

沼气使用过程中应当注意以下几点：

（1）在使用沼气灶或沼气灯之前，要先点着火柴等引火物等在一旁，然后打开沼气开关，稍等片刻点燃沼气灶或灯。如果先打开沼气开关，再点燃火柴等引火物，等候时间一长，灶、灯具周围沼气增多，就会有烧伤人的危险，甚至有引起火灾的可能。

（2）气灶或灯不要放在柴草，油料，棉花，蚊帐等易燃品旁边，也不要靠近草房的屋顶，以免发生火灾。

（3）每次使用沼气前后，都要检查开关是否已经关闭。如果使用前发现开关没有关就不能点火,因为这时候屋里可能已散发了不少沼气,一遇上火苗,就可能发生爆炸或火灾,此时应赶快关闭开关,打开门窗,通风后再使用。

(4)要教育孩子不要在沼气池和沼气配套设备(灯、灶、开关、管道等)附近玩火,因为这些地方也会有漏气现象。

(5)要经常检查开关、管道、接头等处有没有漏气。可用肥皂检查,也可用碱式醋酸铅试纸检查,方法是:用清水把试纸浸湿,放在要检查的部位,如果漏气,试纸和沼气中的硫化氢发生化学反应,使试纸变成黑色。如果在关闭开关的情况下,闻有臭鸡蛋气味(硫化氢气味),则可以肯定,沼气设备有漏气的地方,而且漏气还比较严重,要赶快检查处理。发现漏气,要及时打开门窗,或采取鼓风措施,使室内空气畅通。

(6)在输气管道的适当位置安装凝水瓶,适时排除冷凝水,防止冷凝水堵塞输气管道。

一旦发生烧伤事故,要根据受伤者的烧伤程度来处理。严重的要立即送医院抢救。火灾事故发生时,头脑要冷静,首先要关掉气源,同时组织救火。

八、沼气池产品的综合利用技术介绍

沼气池发酵后,产生了沼气和沼肥(包括沼液和沼渣)。下面分别介绍一下沼气和沼肥在生产和生活中的广泛应用。

1. 沼气的广泛应用

沼气除了可以用来烧饭、照明,提供生活用能外,还有下面的广泛应用:

(1)沼气可以用来贮粮,果品和蔬菜保鲜。

(2)沼气可以用来加热饲料,加温孵化家禽或为温室保温。

(3)沼气可以用来杀灭粮食害虫,点灯诱蛾。

(4)沼气用于农产品的干燥用能源。

(5)沼气用于副业加工,作为改造后的沼气-柴油发动机的燃料。

2. 沼液、沼渣一起作为肥料应用

沼肥除了含有丰富的氮、磷、钾等元素外，还含有对农作物生长起重要作用的硼、铜、铁、锰、钙、锌等微量元素，以及大量的有机质、多种氨基酸和维生素等。施用沼肥，不仅能显著地改良土壤，确保农作物生长所需的良好微生态环境，还有利于增强其抗冻、抗旱能力，减少病虫害。

（1）沼肥种果

果树施用沼气肥可以不烂根，不翻黄，产量高而稳定，水果保存时间长。完全用沼肥种出的果树，还是一种绿色果品。

（2）沼肥种菜

可提高抗病虫害能力，减少农药和化肥的投资，提高蔬菜品质，避免污染，是发展无公害蔬菜的一条有效途径。

（3）沼肥养泥鳅，鳝鱼

3. 沼液的广泛应用

（1）沼液养猪，喂奶牛，喂兔

沼液中含有多种氨基酸和对家畜生长有利的营养物质，可以促进家畜生长发育，提高抗病能力。

（2）沼液养鱼

沼液养鱼有其独到的好处：沼液是优质的有机肥料，能明显降低池塘水体溶解氧的消耗。还可以减少鱼病的传染，提高鱼的成活率，节约精饲料，节约成本。沼气池与鱼池配套，闸门一开，沼气水肥就顺着进水沟流入鱼池，节省了大量劳动力。

（3）沼液浸种

沼液可以用来浸泡水稻、小麦、花生、玉米、棉花的种子。经过这样处理的种子发芽率高，芽壮苗齐，病虫少，长势好。

（4）沼液水培蔬菜

沼液作为无土栽培的营养液，可以培育出优质的绿色蔬菜。

4. 沼渣的广泛应用

（1）沼渣可以培植蘑菇。

（2）沼渣可以培植花卉和茶叶，成本低，品质好。

(3) 沼渣可以养蚯蚓。

九、以沼气为链条的循环经济模式介绍

建设社会主义新农村，就是要发展立体和生态农业，大力发展循环经济。下面对沼气为链条的循环经济模式的几种方式作一下介绍：

1. 饲养业－沼气－种植业的循环模式

拿出一定面积的粮田，种植饲料作物，采用混合饲料养猪、鸡、鸭、牛、羊。在此基础上，建沼气池，解决一定数量的生活用能。种田基本上施用沼气肥，建沼气池省下来的秸秆作为饲料和肥料，这样便形成了饲料－燃料－肥料的多层次利用体系。

2. 养猪－沼气－养鱼的循环模式

从责任田划出饲料地，专门种植麦类，玉米和大豆饲料自己生产自己加工，采用混合饲料养猪。利用猪粪作为沼气发酵的原料，解决半年以上的生活用能，沼渣和沼液全部入池喂鱼，这样提高了综合的经济效益。

3. 饲料－沼气－饲料的循环模式

养鸡专业户先用鸡粪干发制取沼气后喂猪，猪粪进入水压式沼气池产沼气，再用沼渣养蚯蚓，沼液种青饲料，蚯蚓和青饲料可以用来喂鸡和喂猪。沼气除了炊事用气外，主要用于加热饲料、加温孵小鸡或为温室保温。采用这种食物循环的模式，其生态效益和经济效益都非常显著，是一条科学的生态农业发展途径。

4. 养殖业－沼气－加工业的循环模式

家庭加工豆腐、粉丝等食品加工业，可以充分利用加工业的残余物作为沼气的主要发酵原料，发展沼气。也可以将加工残余物发展养猪业，再利用猪粪作为沼气发酵原料，建沼气池，沼渣可以种植蘑菇，也可以直接喂鱼，沼液可以养鱼。沼气池也可以作为养殖业和加工业的直接能源，综合效益明显。

第三节 燃气与沼气的运行管理

一、燃气的运行管理

1. 燃气泄漏的检查和处理

燃气泄漏对人身和财产安全有着极大的威胁,当空气中的燃气浓度大到一定限度时,可能会引起燃气中毒、爆燃甚至爆炸,及时发现燃气泄漏,检查出泄漏原因加以解决,防患于未然是非常重要的。对于常见的气源,干馏煤气、水煤气、油制气、天然气和液化石油气多数都含有少量硫化物,本身具有臭味。只有部分地区使用的天然气有时不含有硫化物,要求经过加入一定有气味的气体,称为燃气加臭,能够在泄漏时及时引起注意。

发现有漏气,千万不要点火,一切可能引起火花的行为也要禁止,如拉、合电闸,开、关电灯,吸烟,敲打铁器等。然后迅速打开门窗,加强空气流动,稀释室内燃气的浓度,防止发生燃气爆炸。液化石油气比空气重,易滞留在低洼处,可用扫帚扫地,向室外驱赶,但要注意室外周围有无火源。同时要立即关闭表前阀门或气瓶角阀,防止气体继续漏出。

采取了以上措施后,立即针对以上原因对燃气器具进行检漏,及时通知燃气维修人员进行维修。发生燃气泄漏的原因主要有:点火不成功,燃气流出而没有燃烧;使用灶具时,汤水浇灭灶火或风吹灭灶火;关火后,调节风门没有关严,而且没有关闭气嘴或气瓶角阀;燃气器具损坏;管道腐蚀或阀门、接口损坏;连接灶具的胶管老化龟裂或两端松动。

对于管道燃气,先检查阀门、气表、灶具与燃气管道的接头处;检查灶具的调节风门,以及调节风门和喷嘴的连接处;检查气嘴的阀杆和压母之间的缝隙处,气嘴填料松动后此处最容易漏气;检查连接胶皮管的两端接头处;检查胶管是否年久老化;检查管道或燃气表,如果生锈穿孔,漏气会越来越严重。

对于液化石油气，先检查气瓶角阀是否漏气；检查减压阀前端密封胶圈有无脱落或损坏；检查减压阀手轮是否拧紧；检查胶管是否老化、烧损、开裂或连接太松；检查灶具的调节风门以及调节风门和喷嘴的连接处；检查气瓶本身有无砂眼或底部有无穿孔。

检查的方法是对以上这些容易漏气的部位，逐一用肥皂水涂抹，如发现肥皂水连续起泡即为漏气。用肥皂水检漏安全可靠，有的用户直接划火柴去检查漏气，是很危险的。因为漏出的燃气一旦被火柴点燃，火焰很难控制，处理不好会发生火灾。如果达到一定浓度，一点火就会爆炸。

2. 管道燃气设备常见故障及处理方法（表5-2）

管道燃气设备常见故障及处理方法　　表5-2

常见故障	故障原因	处理方法
火小不出气	管道堵塞	报修
	调压气出口压力低	报修
	气表损坏不通气	报修
	燃气表前阀门损坏	报修
	软管受挤压	消除挤压
	燃烧器喷嘴堵塞	用铁丝疏通
黄焰	进入燃烧器的空气量不足	开大调节风门
	喷嘴口径太大	用小榔头把口径敲小
	燃烧器喉管里有污物	消除污物
	调节风门漏气后又被吸入燃烧器	排除漏气
	喉管与喷嘴没对正	摆正燃烧器
离焰	进入燃烧器的空气量过多	关小调节风门
	部分气孔堵塞	消除污物
	外部风大	给灶具加上挡火圈
回火	喷嘴里有污物	用铁丝捅堵
	调节风门开启动作太慢	迅速开启
	软管受挤压	消除挤压

续表

常见故障	故障原因	处理方法
回火	燃气表损坏压力过大 管路阻力过大 调压器出口压力过低	报修 报修 报修
漏气	管路中各接头填料或垫圈损坏 管道腐蚀穿孔 燃气表损坏 连接软管老化或损坏 灶具调节风门不严 软管两端连接不当 燃气表前阀门填料损坏	报修 报修 报修 更换软管 加润滑脂或密封油 装好软管用铁丝扎紧 报修
调节风门拧不动	调节风门阀杆润滑油干了 安装不正	加润滑油 重新调整
燃气表不走字	燃气表部件损坏	报修
燃气表有杂音	表内零件松动	报修

3. 液化石油气设备常见故障及处理方法（表5-3）

液化石油气设备的常见故障及处理方法　　表5-3

常见故障	故障原因	处理方法
不出气	液化石油气用完了 气瓶内残液过多 喷嘴堵塞 胶管受挤压 减压阀通道堵塞 角阀损坏无法开启	换气 换气 用铁丝捅堵 消除挤压 报修 送液化气站调换
火小	喷嘴里有污物 胶管受挤压 液化石油气质量不好 减压阀出口压力过低	用铁丝捅堵 消除挤压 换气 报修

续表

常见故障	故障原因	处理方法
黄焰	进入燃烧器的空气量不足 喷嘴口径太大 燃烧器混合管里有污物 液化石油气质量不好 调节风门漏气后又被吸入燃烧器 混合管与喷嘴不在同一轴线上	开大调节风门 用榔头把口径敲小 消除污物 换气 排除漏气 摆正燃烧器
离焰	进入燃烧器的空气量过多 部分气孔被污物堵塞 减压阀呼吸孔被污物堵住 减压阀出口压力过高	关小调节风门 消除污物 消除污物 报修
回火	喷嘴里有污物 胶管里有空气 调节风门开启动作太慢 胶管受挤压 减压阀出口压力过低 液化石油气质量不好	用铁丝捅堵 用液化气赶走空气 迅速开启开关 排除挤压 报修 换气
漏气	减压阀前端密封胶圈老化、开裂、损坏或丢失 减压阀没拧紧 减压阀与角阀丝扣不匹配 气瓶或角阀损坏 减压阀膜片损坏 胶管损坏或老化 胶管与减压阀、灶具连接不当 灶具接头丝口不严 调节风门不严	购买新密封胶圈 拧紧减压阀 送液化气站调换 送液化气站调换 报修 更换新胶管 装好胶管用铁丝扎紧 更换填料拧紧丝口 送液化气站维修
调节风门拧不动	调节风门阀杆润滑油干了 旋钮、连杆、转芯不在同一轴线上	加润滑油 调整相互位置

二、家用沼气池维护、运行与管理

1. 常见的病态家用沼气池的情况
(1) 沼气池漏水。
(2) 沼气池漏气。
(3) 沼气池不产气。
2. 病态沼气池的检查内容

沼气病态池的检查内容包括三个方面:

首先,应查清造成故障的原因,查明是由沼气池池体本身的渗漏还是由发酵代谢反常或输气管路漏气所造成的,区分病态池的故障与一般的管理不当。

其次,应查清造成病态池故障的原因,是设计方面的问题,还是建筑材料、施工工艺或管理方面的问题所引起的。

最后,应查清病态池故障的严重程度和需要修理的准确部位等。检查的具体方法可采用询问、观察、维修、试压步骤。

3. 沼气池漏水的原因及处理方法

这种情况多数是由于建池地基选择和处理不当,以及进、出料后,地基下沉,往往将进、出料管(特别是在与池墙结合处)折断而产生严重漏水。也有用砖块砌筑池墙时,没有满浆,或水泥砂浆被覆时没有压紧造成孔隙而产生渗漏。

严重漏水的沼气池容易觉察。一般池内液面下降到某一水位时,不再下降,其漏水处也大致在这一水位线附近。查到裂缝处,采取相应的常规措施,加固修复即可。为了彻底清除池体地基下沉的隐患,可将此"病态池"改成中心吊管或双直管顶返水水压式沼气池。把进、出料两根斜管改为双直管,即把管子沿池墙内壁直接垂直安放在池顶,这样就可以防止裂缝的产生。再把水压间设置在池顶上部,利用水压间的料液使池顶部混凝土经常处于湿润状态,同时达到了水封不漏气的目的。

对于池体渗水的现象,一般难于发现,往往可以不管。因为使用时间长了,细小的空隙会被池内料液的粪渣和纤维等杂物堵住。当然这种处理方法，对于新建沼气池的施工验收是不适用的。

4. 沼气池漏气的原因及处理方法

实践证明，造成沼气池不能用的主要原因，是沼气池本身漏气。大家知道，沼气池密封性能的好坏是沼气发酵产气的首要条件。混凝土的空隙大于甲烷分子 6~12 倍。甲烷分子又比空气分子的运动速度要快好几倍，因此，特别容易出现渗漏。加上池型不合理和建池质量没有保证等原因，更增加了漏气的可能性。这就使许多沼气池出现"一年好，两年漏，三年不能用"的状况。

为了改造这种沼气池，人们经过实验后发现，利用水把这些多孔型材料的无数空隙堵住，或者在关键的集气部位采用少量钢板或塑料等材料，可以大大提高沼气的密封性，走出了一条具有中国特色的新路子。

下面介绍几种有效的方法：

① 集气罩法

这是上海科学技术协会研究成功的。方法是使发酵池和气箱分离。用一个密封性能好的钢板或者塑料制成的集气罩（高40cm），安放在发酵池顶部改建环形水槽里，原活动盖用碎石架起一缝隙，使料液能通过而浮渣被阻挡在池内，借料液形成的水封使罩内气体隔绝。这样，就可以有效地杜绝池体本身漏气，使池里产生的沼气全部通过集气罩送入新建的，放置在水压间的浮罩内贮存起来，然后送入灶具使用。

② 顶盖水封法

这是湖南省沼气研究部门提出的一种不改变原水压式池型的简便易行的方法。具体方法是：首先挖开沼气池上面的全部覆土，在池的上圈梁上，用二合土或三合土打成一圆柱形的截水墙；再在沼气池上铺上 5cm 厚的碎石或粗砂构成的布水层；最后把挖的覆土恢复原状，压实，同时埋入一条补水管。使用的时候，要经常在补水管里加水，使池上盖的水泥结构或者其他结构经常处于湿润状态，已达到不漏气的目的。这种方法已被收集在国家标准《农村家用水压式沼气池标准图集》的附录中。

③ 大帽盖式沼气池

这是由中国农业工程研究设计院研制的。它将原水压式沼气池改造成一种满装料的分离浮罩式沼气池。具体说，就是把原来活动盖直径加大到10cm，用一个80kg重的混凝土帽形罩盖在池口上。帽形罩把沼气池产生的沼气收集起来，通过输气管输送到置于出料间内的贮气浮罩内。由于整个沼气池的上盖和收集沼气的帽形罩全部浸泡在料液中，所以，也能起到水封不露的作用，而且大出料比较方便。

④ 贮气袋法

这是一种简单的利用贮气袋即可。这样，原沼气压力由 6～10kPa（60～100cm 水柱），下降到 0.4～0.6kPa（4～6cm 水柱）；加上沼气池内料液改为满装料，使池拱盖的水泥结构全部浸入液料中，有效地防止了沼气的渗漏。

5. 沼气池不产气的原因及处理方法

沼气池不漏水，也不漏气，就是不产气，或产气量很快减少。这种情况在一些农村中并不少见。这主要是缺乏沼气技术知识和管理使用不当所致。在实际中反映出的现象却是各种各样，有的甚至意想不到。下面将各地发生情况作介绍：

① 农药的影响

为了灭蝇，用"敌敌畏"或"1605"农药喷洒过的粪便入池后，致使当日点不着火，或不久停止产气。

② 辛辣物进池影响发酵

将带有葱、蒜、辣椒及韭菜、萝卜等的秸秆和烂叶作为原料投入新建沼气池后，竟数月不产气。后打开活动盖，捞出此类叶、杆。并加入部分猪粪和接种物，封池启动后三日开始产气。

③ 投入猪粪不产气

产气正常的沼气池，投入从别处拉来的100kg猪粪后，产气量不但不增，反而迅速下降。经检查，原来别处的猪吃了蒜苗、蒜叶和韭菜。后来停用此粪，沼气池才逐步恢复正常。

④ 牛粪入池不产气

以牛粪作发酵原料的沼气池,封池后迟迟不能产气。经分析,山区的牛以草食为主,粪中含氮量偏少,碳氮比例失调。后经加入碳铵,增加氮素,搅拌后封池,很快产气。

⑤ 电石、洗衣粉不能入池

有的地方以为池内放些电石也能产气点燃,结果相反,原产气的池也停止产气了。用洗衣粉洗衣的水同样不能入池。

⑥ 红薯渣用量不当

红薯是北方特别是华北地区的主要农作物之一。每年有大量的薯渣可供农户使用。但红薯渣是一种酸性很强的发酵原料,薯渣过多,会使发酵液变酸,不仅产气少,而且只产气,点不着火。此时,应添加适量的石灰水和更换发酵液,并增加搅拌,使 pH 上升到 6.5 即可封池,开始产气。如果沼气池 pH 在 8 以上,证明池内发酵液已为碱性。此时可加适量的红薯渣,调节 pH。可见,红薯渣既可作发酵原料又是一种 pH 调节剂,但使用时一定要适量。

6. 沼气池日常维护管理过程中的安全

(1) 安全发酵

禁止向沼气池内投放剧毒农药、各种杀虫剂,以及对沼气发酵过程有影响的抑制剂,以免使正常的发酵遭到破坏,甚至停止产气。一旦出现了这种情况,应将池内发酵液全部清除,冲洗干净,重新投料启动。禁止将电石投入池,以免引起爆炸事故。

(2) 日常安全管理

① 菜籽饼、棉籽饼、过磷酸钙等入池后容易产生有毒的磷化三氢气体,故不宜入池。

② 沼气池进出料口必须加盖,要防冻、防干。每次进出料后及时将盖子盖好,以防人畜掉入。

③ 每口沼气池都要安装压力表,监测池内压强,避免池内压强超出设计标准规定的最大压强或出现负压时造成池体破裂。

④ 日常进出料时,做到缓进缓出,出料时停止用气。

⑤ 经常检查输气系统，检查开关，接头是否畅通，是否有破损。导气管发生阻塞，应及时排除，以免池内压强过大而造成池体裂损。

（3）安全入池出料和维修

① 人员入池前，池外必须有人监护。先把活动盖和进出料口盖揭开，敞开 1~2 天，尽量清除池内料液，并向池内鼓风，排除残余的沼气。再用鸡、兔等小动物试验，如无异常现象发生，方能入池。入池人员，必须系安全带，若入池后有头晕、发闷的感觉，应立即救出池外。严禁单人操作。

② 入池操作，可用防爆手电筒照明，切忌用油灯、火柴或打火机等明火照明。

③ 大出料或维修旧池时，池内外严禁烟火。

④ 长时间不用的沼气池又被利用时，要先把池内表面结壳戳破，使沼气冒出来散尽后才重新修理。要注意的是，当发现有人中毒后，一定不要急着下池抢救，首先用鼓风机等多种方法向池内鼓风，使病人吸入新鲜空气。不懂得这一点，慌忙下去抢救，结果会造成多人连续中毒的事故。被抢救出的中毒病人，要尽快送到附近医院抢救治疗，不可耽误时间。

问题索引

前言
1. 农村基础设施的内容有哪些？
2. 农村基础设施的作用是什么？
3. 农村基础设施存在的问题是什么？
4. 农村基础设施建设的措施有哪些？

第一章 农村道路
1. 村镇道路有哪些作用？ …… 1
2. 村镇道路有哪些种类？ …… 2
3. 村镇道路的设计要求有哪些？ …… 4
4. 怎样估算道路选线应注意什么问题？ …… 6
5. 怎样估算道路工程量？ …… 9
6. 道路平面设计有什么要求？ …… 10
7. 道路纵断面设计有什么要求 …… 11
8. 路基的构造要求有哪些？ …… 13
9. 路基的材料要求有哪些？ …… 15
10. 怎样进行施工放样？ …… 16
11. 路基修筑有哪些要求？ …… 17
12. 路面设计有哪些要求？ …… 21
13. 常用的路面材料有哪些？ …… 23
14. 薄层水泥混凝土路面怎样施工？ …… 24
15. 沥青路面如何施工？ …… 28
16. 碎石路面如何施工？ …… 30

第二章 农村供水
1. 农村供水的特点有哪些？ …… 36
2. 农村用水有何要求？ …… 37
3. 农村供水系统有哪几部分组成？ …… 37
4. 农村供水系统的类型有哪些？ …… 37
5. 常用的供水系统流程有哪些？ …… 40
6. 水源的种类有哪些？各有何特点 …… 42
7. 农村水源的特点是什么？ …… 43

8. 水源选择应考虑的因素有哪些? …………… 44
9. 地表水水源的卫生防护要求是什么? …………… 46
10. 地下水水源防护要求是什么? …………… 47
11. 天然水中的杂质有哪些? …………… 47
12. 生活饮用水水质标准的内容是什么? …………… 48
13. 水质监测的要求是什么? …………… 51
14. 影响设计用水量的因素有哪些? …………… 51
15. 农村居民生活用水量定额如何确定? …………… 52
16. 农村企业用水量定额如何确定? …………… 54
17. 牲畜用水量定额如何确定? …………… 54
18. 庭院（田园）用水量如何确定? …………… 54
19. 消防用水量如何确定? …………… 55
20. 什么是时变化系数? …………… 55
21. 设计用水量的计算内容包括哪些? …………… 56
22. 水质净化的任务是什么? …………… 58
23. 水质净化的基本方法有哪些? …………… 58
24. "混凝－沉淀－过滤－消毒"常规处理工艺的内涵是什么? …………… 58
25. 水中溶解物质的处理方法有哪些? …………… 59
26. 预处理和深度处理的对象和方法是什么? …………… 59
27. 什么是综合净水构筑物? …………… 60
28. 小型净水塔的工艺流程是什么? …………… 60
29. 压力式综合净水器的净水原理是什么? …………… 63
30. JCL 型净水器的净水原理是什么? …………… 63
31. 水的特殊处理包括哪些内容? …………… 63
32. 地下水除铁除锰的方法是什么? …………… 64
33. 地下水除氟的方法是什么? …………… 67
34. 管网分类有哪些? …… 68
35. 输水管布置有何要求? …………… 68
36. 配水管网的布置要求是什么? …………… 70
37. 给水栓、消火栓的布置要求是什么? …………… 70
38. 管道埋设深度如何确定? …………… 70
39. 输水管道计算流量如何确定? …………… 70
40. 配水管网计算流量如何确定? …………… 71
41. 管径确定的方法如何? …………… 71

42. 什么是压力和水头损失？ …………………………… 73
43. 管道水头损失如何计算？ …………………………… 73
44. 管网水力计算的任务是什么？ ……………………… 74
45. 管网设计和计算的步骤如何？ ……………………… 74
46. 沿线配水流量的计算方法有哪些？ ………………… 74
47. 节点流量如何确定？ …………………………… 76
48. 树状管网的计算方法如何？ …………………………… 76
49. 环状管网的计算方法如何？ …………………………… 77
50. 常用管材及其特点是什么？ …………………………… 77
51. 管道配件和管道设备有哪些？ ……………………… 80
52. 管道附属构筑物有哪些？ …………………………… 83
53. 管道防腐的方法有哪些？ …………………………… 85
54. 如何进行管道冲洗消毒？ …………………………… 85
55. 管道水压试验的要求是什么？ ……………………… 86
56. 调节构筑物的作用是什么？ …………………………… 89
57. 清水池的容积如何确定？ …………………………… 91
58. 高位水池的设计要求是什么？ ……………………… 93
59. 水塔的构造如何？ …… 94
60. 压力罐的工作原理是什么？ …………………………… 96

第三章　农村排水

1. 农村排水的特点有哪些？ …………………………… 101
2. 农村排水系统如何分类？ …………………………… 102
3. 什么是农村排水系统的体制？ ……………………… 103
4. 农村排水体制如何选择？ …………………………… 105
5. 农村污水排除系统有哪几部分组成？ ……………… 106
6. 农村工业废水排除系统有哪几部分组成？ ………… 108
7. 雨水排除系统有哪几部分组成？ …………………… 108
8. 农村污水量如何确定？ …………………………… 109
9. 污水管道系统的布置要求是什么？ ………………… 109
10. 污水管道水力计算的方法是什么？ ………………… 113
11. 农村雨水流量如何确定？ …………………………… 120
12. 农村雨水灌渠的布置要求是什么？ ………………… 120
13. 雨水管渠水力计算的方法如何？ …………………… 122
14. 合流制排水管渠如何设计？ …………………………… 124
15. 排水管渠材料有哪些？ …………………………… 126

16. 排水管渠的附属构筑物有哪些? ………… 130
17. 农村污水的性质是什么? ………… 136
18. 污水的污染指标有哪些? ………… 136
19. 什么是水体的污染与自净? ………… 138
20. 污水排放标准有哪些? ………… 138
21. 污水处理的基本方法有几种? ………… 139
22. 污水处理流程有哪些? ………… 144
23. 污水消毒与污泥处置方法有哪些? ………… 146
24. 典型的污水处理设施有哪几种? ………… 148
25. 如何进行污水处理综合利用? ………… 150

第四章 农村供热

1. 农村供热的形式有哪几类? ………… 153
2. 锅炉有哪几部分组成? ………… 155
3. 太阳能供热系统的组成及其作用如何? ………… 157
4. 什么是热泵? 有哪几种形式? ………… 159
5. 水源热泵和土壤源热泵的特点是什么? ………… 160
6. 膨胀水箱的作用是什么? ………… 161
7. 集气罐和自动排气阀作用是什么? ………… 164
8. 常用换热器类型有哪些? ………… 165
9. 除污器在供暖系统中的作用是什么? ………… 166
10. 重力循环供暖系统工作原理如何? ………… 167
11. 双管上供下回式系统的特点是什么? ………… 169
12. 单管上供下回系统的特点有哪些? ………… 169
13. 水平式供热系统的特点有哪些? ………… 170
14. 同程式系统和异程式系统有何不同 ………… 171
15. 散热器的布置原则是什么? ………… 173
16. 热量表安装应注意什么? ………… 178
17. 常用阀门有哪些? 各有何特点 ………… 178
18. 自然补偿器的形式有哪些? ………… 179
19. 管道保温的方法如何? ………… 180
20. 低温地板辐射供暖的特点是什么? ………… 182
21. 低温地板辐射供暖系统热负荷的确定和设计要点有哪些? ………… 183
22. 循环水泵补水泵的流量如何确定? ………… 190
23. 循环水泵、补水泵的扬程如何确定 ………… 190

24. 水泵运行的操作顺序如何？ …………………… 193
25. 阀门运行的操作与维护有何要求？ ………… 194
26. 压力表运行的注意事项有哪些？ ………… 194
27. 管网运行的检查维护内容是什么？ ………… 195
28. 什么是供热运行调节？ …………………… 196
29. 如何进行供热系统运行的故障分析？ ………… 196
30. 供热系统运行节能的方法是什么？ ………… 199

第五章 农村燃气与沼气

1. 天然气的种类和特点有哪些？ ………………… 200
2. 人工煤气的种类和特点有哪些？ ………………… 200
3. 液化石油气的成分和特点如何？ ………………… 201
4. 村镇燃气供应的方式有哪些？ ………………… 201
5. 管道供应燃气的类型有哪些？ ………………… 202
6. 居民用户管道燃气供应设施的组成和安装要求如何？ …………………… 202
7. 气瓶供应燃气的方式有几种？设置要求是什么？ …………………… 203
8. 燃气的输送方式有哪几种？ …………………… 204
9. 什么是管道输送燃气系统？ …………………… 204
10. 怎样选择家用燃气灶？ ………… 205
11. 燃气烧水器的类型有哪些？如何选择？ ………… 206
12. 燃气采暖器有哪几种？如何选择？ ………… 207
13. 怎样选择燃气表？ … 208
14. 液化石油气瓶的选择应注意哪些问题？ ……… 209
15. 什么是燃气爆炸？ … 210
16. 什么是燃气爆燃？ … 210
17. 什么是燃气中毒？ … 210
18. 使用燃气的厨房有什么要求？ ………………… 210
19. 燃气器具的安放要求是什么？ ………………… 210
20. 天然气、人工煤气安全使用的注意事项有哪些？ …………………… 211
21. 液化石油气的安全使用应注意哪些问题？ ……… 212
22. 怎样节约使用燃气？ …………………… 213
23. 常见的燃气安全事故有哪些？ ………………… 213
24. 什么是沼气？ ……… 214
25. 沼气主要用途有哪些？ …………………… 214
26. 制取沼气需要什么条件？ …………………… 214
27. 农村小型的沼气池制气的工艺要点有哪些？ … 215
28. 在农村办沼气有哪些好处？

29. 怎样加快发展农村沼气？ ……217
30. 常见沼气池的形式有哪些？ ……218
31. 水压式沼气池结构及工作原理如何？ ……218
32. 水压式沼气池优缺点是什么？ ……219
33. 水压式沼气池几种改进的池型是怎样的？ ……219
34. 浮罩式沼气池结构及工作原理如何？ ……220
35. 浮罩式沼气池优缺点有哪些？ ……220
36. 浮罩式沼气池几种改进的池型是怎样的？ ……221
37. 半塑式沼气池结构及工作原理如何？ ……221
38. 半塑式沼气池优缺点有哪些？ ……221
39. 罐式沼气池结构及适用范围如何？ ……222
40. 罐式沼气池优缺点有哪些？ ……222
41. 沼气池的结构组成包括哪几部分？ ……222
42. 沼气池的池形要求如何？ ……222
43. 沼气池的容积如何确定？ ……223
44. 沼气池的布局应该怎样？ ……223
45. 修建沼气池的基本技术要求有哪些？ ……223
46. 修建沼气池需要的材料及选用原则如何？ ……223
47. 修建沼气池的步骤有哪些？ ……223
48. 修建沼气池遵循的国家标准有哪些？ ……224
49. 修建沼气池的费用怎样？ ……224
50. 修建沼气池的安全注意事项有哪些？ ……224
51. 家用沼气池的配套包括的内容有哪些？ ……224
52. 沼气灶具结构和工作原理如何？ ……225
53. 沼气灶的类型有哪几种？ ……225
54. 如何选择沼气灶？ ……226
55. 沼气输气导管作用及质量要求是什么？ ……226
56. 沼气输气导管内径如何确定？ ……226
57. 沼气输气导管的材质有何要求？ ……226
58. 输气管道的安装方式有哪几种？ ……226
59. 沼气开关的作用和材料是怎样的？ ……226
60. 如何选择开关？ ……227
61. 沼气压力计常见形式及用途有哪些？ ……227
62. 排水器（也叫积水器或气水分离器）的作用是什么？ ……227

63. 管路用三通四通和弯头有哪些要求? ………… 227
64. 脱硫器的作用是什么? 有哪几种? ………… 228
65. 出料机具有哪几种? ………… 228
66. 提高家用沼气池产气量的措施有哪些? ………… 228
67. 沼气池发酵原料干物质浓度的控制方法是什么? ………… 229
68. 充分利用秸草适时进行三换两补料的做法是怎样的? ………… 229
69. 采用合理的进料方法的做法有哪些? ………… 229
70. 池体保温的做法有哪些? ………… 229
71. 沼气使用过程中的安全事项应注意哪些方面? ………… 230
72. 沼气的应用有哪些? ………… 231
73. 沼液、沼渣一起作为肥料的应用途径有哪些? ………… 232
74. 沼液的应用有哪些? ………… 232
75. 沼渣的应用有哪些? ………… 232
76. 什么是饲养业-沼气-种植业的循环模式? … 233
77. 什么是养猪-沼气-养鱼的循环模式? ……… 233
78. 什么是饲料-沼气-饲料的循环模式? ……… 233
79. 什么是养殖业-沼气-加工业的循环模式? … 233
80. 怎样检查和处理燃气泄漏? ………… 234
81. 管道燃气设备常见故障及处理方法有哪些? … 235
82. 液化石油气设备常见故障及处理方法有哪些? ………… 236
83. 常见的病态家用沼气池的情况有哪几种? …… 238
84. 病态沼气池的检查内容有哪些? ………… 238
85. 沼气池漏水的原因及处理方法是怎样的? …… 238
86. 沼气池漏气的原因及处理方法有哪些? ……… 239
87. 沼气池不产气的原因及处理方法有哪些? ………… 240
88. 沼气池日常维护管理过程中的安全注意事项有哪些? ………… 241

参 考 文 献

1. 高文杰，邢天河，王海乾. 新世纪小城镇发展与规划. 北京：中国建筑工业出版社，2004
2. 任福田等. 城市道路规划与设计. 北京：中国建筑工业出版社，2004
3. 田平. 道路勘测设计. 北京：机械工业出版社，2005
4. 李世华. 道路工程. 北京：中国建筑工业出版社，2006
5. 沙爱民. 填方路基施工技术. 北京：人民交通出版社，2007
6. 刘建中. 路基工程. 北京：中国建筑工业出版社，2006
7. 尹如军. 公路路面设计与施工. 黄河水利出版社
8. 公路设计手册（路面）. 北京：人民交通出版社，2006
9. 田文玉. 道路建筑材料. 北京：人民交通出版社，2006
10. 中华人民共和国国家标准. 室外给水设计规范（GB 50013—2006）. 北京：中国计划出版社，2006
11. 上海市政工程设计研究院. 给水排水设计手册（第3册）. 北京：中国建筑工业出版社，2004
12. 黄长盾，欧阳湘编著. 村镇给水实用技术手册. 北京：中国建筑工业出版社，1992
13. 颜振元，马树升. 乡镇供水. 北京：水利电力出版社，1995
14. 严煦世，范瑾初. 给水工程. 北京：中国建筑工业出版社，1999
15. 符九龙. 水处理工程. 北京：中国建筑工业出版社，2000
16. 严煦世. 给水排水工程快速设计手册（第一册）. 北京：中国建筑工业出版社，1995
17. 崔玉川，员建，陈宏平. 给水厂处理设施设计计算. 北京：化学工业出版社，2003
18. 张自杰. 排水工程（第4版）. 北京：中国建筑工业出版社，2000
19. 顾夏生等. 水处理工程. 北京：清华大学出版社，1985
20. 北京市政设计院. 给水排水设计手册（第5册）. 北京：中国建

筑工业出版社，2004

21. 中华人民共和国行业标准. 室外排水设计规范（GB 50014—2006）. 北京：中国计划出版社，2006

22. 城市热力网设计规范（CJJ 34—2002）. 北京：中国建筑工业出版社，2002

23. 民用建筑热工设计规范（GB 50176—1993）. 北京：中国计划出版社，1994

24. 采暖通风与空气调节设计规范（GB 50019—2003）. 北京：中国计划出版社，2004

25. 地板辐射供暖技术规程（JGJ 142—2004）. 北京：中国建筑工业出版社，2005

26. 地源热泵工程技术规范（GB 50366—2005）. 北京：中国建筑工业出版社，2006

27. 城镇直埋供热管道工程技术规程（CJJ/T 81—98）. 北京：中国建筑工业出版社，1998

28. 锅炉房设计规范（GB 50041—92）. 北京：机械工业出版社，1992

29. 贺平. 供热工程. 北京：中国建筑工业出版社，2003

30. 汤蕙芬、范季贤. 热能工程设计手册. 北京：机械工业出版社，1999

31. 王子介. 低温辐射供暖与辐射供冷. 北京：机械工业出版社，2004

32. 段常贵. 燃气输配（第3版）. 北京：中国建筑工业出版社，2001

33. 《煤气设计手册》编写组. 煤气设计手册. 北京：中国建筑工业出版社，1987

34. 郑伟民等. 煤气的供应与安全使用. 天津：天津科学技术出版社，1988

35. 田夙. 安全节约使用煤气常识. 北京：地质出版社，1982

36. 常天喜，宇亮岗. 城市煤气200问. 北京：煤炭工业出版社，1992

37. 李长生. 农家沼气实用技术. 北京：金盾出版社，2003

38. 张全国. 沼气技术及其应用. 北京：化学工业出版社，2005

39. 吕书凡等. 沼气与生态农业综合利用技术. 北京：中国农业出版社，2004

40. 农业部科技教育司，中国农业出版社编绘. 户用沼气安全使用手册. 北京：中国农业出版社，2005
41. 任济星. 农村沼气技术500问. 北京：中国农业出版社，2006
42. 高俊才，韩巍. 加快发展农村沼气 推进社会主义新农村建设. 财经界，2006．10
43. 姜正侯. 燃气工程技术手册. 上海：同济大学出版社，1993